仕事をしながら母になる

「ひとりじゃないよ」
心がラクになる思考のヒント

内田 舞
MAI UCHIDA
塩田 佳代子
KAYOKO SHIODA
ReHacQ［編著］

KADOKAWA

「頑張ってる姿、見えてるよ！
素晴らしいよ！」

「どうか焦らないで。
大丈夫、ひとりじゃないよ」

本書は、
アメリカで研究者として働き、
同時に母親としても奮闘する二人が、
日本人女性に向けてエールを贈る一冊です。

内田舞（うちだ・まい）

小児精神科医。ハーバード大学医学部准教授。マサチューセッツ総合病院小児うつ病センター長。

北海道大学医学部卒。在学中に米国医師国家試験に合格。卒業と同時に渡米し、イェール大学とハーバード大学で研修医として過ごす。臨床医としてアメリカで働く日本人の史上最年少の記録を更新。

ハーバード大学付属病院であるマサチューセッツ総合病院にて臨床医として子どもたちの診察に携わる傍ら、研究者として気分障害などに関わる脳機能を解析する脳画像の研究にも尽力。研修医や医学生を指導する立場でもある。

三児の母。

著書に『ソーシャルジャスティス　小児精神科医、社会を診る』（文春新書）、『うつを生きる　精神科医と患者の対話』（浜田宏一との共著、文春新書）、『REAPPRAISAL　最先端脳科学が導く不安や恐怖を和らげる方法』（実業之日本社）、『まいにちメンタル危機の処方箋』（大和書房）がある。

塩田佳代子（しおだ・かよこ）

感染症疫学者。獣医師。ボストン大学公衆衛生大学院グローバルヘルス学科アシスタントプロフェッサー。東京大学で六年間の獣医学専修を卒業。その後、アメリカ・アトランタのエモリー大学で公衆衛生学修士号取得。CDC（Centers for Disease Control and Prevention＝米国疾病予防管理センター）において、感染症疫学者としてアウトブレイクの対応、サーベイランス、疫学研究などに二年間従事。西アフリカで起きたエボラ出血熱のパンデミックを目の当たりにし、スキルの向上を目指してイェール大学の感染症疫学科に進学し感染症疫学博士号取得。WHO（World Health Organization）のコンサルタントも務める。二〇二二年、第一回羽ばたく女性研究者賞（マリア・スクウォドフスカ＝キュリー賞）の奨励賞受賞。

二児の母。

本書が初の著書となる。

第2章 内田 舞「馬からおりない」

【PHOTO CREDIT】
内田舞
・プロフィール（P4）：Adam Erdossy Photography
塩田佳代子
・帯・プロフィール（P5）：Kelly Culnan（Boston University School of Public Health）
・帯・P240：The photo was taken by Asico Photo, LLC, reprinted courtesy of
米国法人JCIE USA.

【ReHacQ】
制作　真砂陣、向山華月
ディレクター　門倉清
プロデューサー　高橋弘樹、前田夢有、曹ちゃお、本田資、村林恵美利
株式会社tonari

【BOOK STAFF】
編集協力　中村 富美枝
デザイン　山之口 正和＋高橋さくら（OKIKATA）
D T P　向阪伸一＋山田マリア（ニシエ芸）
校　正　玄冬書林
編　集　中島元子（KADOKAWA）

第1章

日本の女性にエールを

内田 舞×塩田 佳代子対談

「みんなもう十分頑張っている」

内田　塩田先生は感染症疫学者として、私は小児精神科医として、どちらもアメリカで働く道を選びました。もちろん、お互いに違う部分はたくさんあるけれど、共通点もありますね。

たとえば、子育てをしながら仕事を続けていること。また、生い立ちも、私は日本、アメリカ、スイスの三か国で育ちましたが、塩田先生も小学校時代の三年間を南アフリカ共和国で送られたのですよね。海外に根ざした生活があるからこそ見える日本の良さや問題点について語ってきたこと、そして、日本が大好きで、日本人、とくに日本の女性たちを応援したい気持ちが強いというあたりは、大きな共通点ではないでしょうか。

日本の女性たちは、結婚している人も独身の人も、子どもがいる人もいない人も、みんなそれぞれの状況で本当に頑張っています。その努力が周囲から正しく評価され、自分でも誇りに思えるようになってほしい。誰であっても自分らしい輝きを探求できるような社会になってほしいと、心から願っています。

現状、さまざまな社会的な要因がその妨げとなっており、多くの女性はいらぬ自責の念にさいなまれたり、さらなる無理を重ねる選択を強いられたりしている。外から見るとこれほど明白なことにもかかわらず、日本の女性は自分たちでもその状況に気づきにくい環境にいるように見えます。

だからこそ、私の中に、そんな女性たちに伝えたいと思うメッセージが溢れてくるのです。「頑張ってる姿、見えてるよ！　素晴らしいよ！」という言葉をまずは大声で送りたいですね。

塩田　同感です。今、悩んだり苦しんだりしている人がいるのなら「どうか焦らないで。大丈夫、ひとりじゃないよ」と一人ひとりにお伝えしたいです。

ジェンダーダイバーシティ（性的多様性）に関して取り組んでいかなくてはいけない課題はどの国にもまだまだありますが、日本人としてアメリカで働いていると、日米の制度や価値観の違いに気づくことはよくあります。日本の女性たちが働きにくい環境に置かれていて、中でも子育てしながら働くのは簡単ではないだろうと私は感じています。そして、子育てしている当事者だけでなく、周囲の人たちも含めて、みんなが苦しい状況になっているのではないかと。

たとえば、ネットに散見される「子持ち様」という言葉。「子どもを産み育てている人はなにをしても許されるのか」といった議論が巻き起こっているようですね。でも、仕事を休まなくてはならない要因は、子育てだけではないのですよね。うつ病になってしまう人もいるし、交通事故に遭ってしまう人もいるし、親が倒れたことで実家にしばらく帰る人もいます。人生にはさまざまな出来事があってそのたびに仕事をフルでできなくなってしまう状況が生まれます。「みんなにあることなのだから」と受け止め支え合っていけたら、全員が働きやすい職場に近づけることができると思うんですね。

ただ、こうした考えに対し「交通事故は『不慮の事態』だけど、子どもを持つのは『自主的な選択』だ」という指摘を受けることがあります。「自ら選択して子どもを持って、それを理由に休みをとることが増えたのに、交通事故の人と同じように扱われるのはフェアじゃない」というわけです。

システムの問題を個人に向けない

塩田　私の職場はボストンにありますが、夫が他州に住んでいて月に二度週末に帰ってくるだけです。そのため、日頃の送り迎えや家事全般は私の役割です。私の職場には同じような境遇にある人がほかにも数人います。私の職場の学科長は女性で、その人もかつては、夫はボストンとは遠く離れたところにいて、子どもと暮らしながら仕事をしていました。

また、私の同僚には、独身の人も、妊娠中の人も、シングルマザーも、癌闘病中の人も、親の介護中の人も、離婚協議真っ最中の人もいます。同じ職場で働いていても人それぞれだし、さまざまな状況に置かれているわけです。

そうした理解があるから、子どもが熱を出したときに早く家に帰ったりすることについて、「子持ち様は特別扱いされている」という発想が、私の職場では生じにくいのかなと思います。

ここには一つ、システムの問題もあると思うのです。

たとえば私には仕事の一つとして、学生に授業をする任務がありますが、その授業は一人ではなく二人の先生で教えることが推奨されています。ゲストレクチャーを入れることも推奨されています。私の妊娠中は、万が一体調を崩してしまったときに備えて授業を教えるバックアップの人がついてくれました。今学期は同僚が健康上の理由で一学期休みをとることになったため、その先生が教える予定だったコースを一〇人以上の教授が合同でカバーしています。もう一人の先生も夏に大怪我をおって一か月授業ができなかったので、交代で複数の同僚がカバーに回りました。誰でも体調を崩すことがあるし、どうしても外せない出張に行かなくてはならないこともあるし、予想のできない事態で仕事を休まなくてはいけないこともある。

いずれにしても個人が悪いわけではありません。むしろ、個人はみんな大変な思いをしながら頑張っていて、本当はそこに対立構造はないはずなんです。だから、叩き合うのではなく、助け合う道を探りたいですね。

内田　本当にそうなんですよね。そのシステムの問題を、まさに今仕事に子育てにと頑張っている人たちに向けてはならないと思うのです。「誰それが悪い」ではなく、「そのシステムがおかしい」ということにみんなが気づき、その改善に向けて働きかけていくことが非常に重要ですね。

女性、既婚者、妊娠している人、子育てをしている人が働きにくい環境は、男性、独身者、妊娠していない人、子育てをしていない人にとっても働きにくいはずなのです。

私の専門分野である医学の世界で言うと、二〇一八年に東京医科大学などいくつかの大学の医学部入試で構造的な女性差別があったことが明らかになりました。女性は男性よりも合格に不利になる点数操作が行われていたというものです。

このニュースが報道されると、不当な差別に対するまっとうな批判も寄せられた一方で、「でも、どんどん女性の医師が増え続けていったら、医療は崩壊するんじゃないだろうか」といった意見も散見されました。私が教鞭《きょうべん》をとるハーバード大学医学部は学生の六割が女性で、二〇二一年にはOECD（経済協力開発機構）加盟国の全医師の半数が女性となりました。また、東欧諸国やバルト三国は女性医師の数が多いことで有名で、ラトビアなどは二〇十七年時点で医師の約七割が女性です。そういった世界の状況と比べてみると、「女性医師が増え続けたら医療は崩壊する」という発言がいかにおかしなものかがわかります。

しかし、日本の医療現場で働く友人の医師たちを見ていると、たしかに、今のままでは「医療崩壊」の不安がよぎるのはよく理解できるのです。日本の医療現場は、誰一人欠けてはならないギリギリの状態で動いていることも多く、そういう状況で出産のために休む女性医師が増えれば、いろいろなことが回らなくなってしまい、カバーする医師の過労、そして患者さんにまで及ぶ被害を危惧しなければならないでしょう。しかし、ここで「だから女性を、最初から医学部に入れないようにしよう」というのは、解決策になっているのでしょうか。

女性は人生の中で数回、出産という一大イベントを経験する可能性があります。でも、出産の可能性のある女性を排除して、男性が今のままのギリギリの労働環境に耐えるということでは、誰も幸せにならない、根本的に誤ったやり方だと言わざるを得ません。

過労による自死率を職業別で見ると、医師はかなり高いのです。もっとも、この傾向は日本に限らず、どこの国でも見られることから、医師という職業の持つ負の特性なのかもしれません。今の日本の医療現場では、若い男性医師の過労死や自死のニュースを耳にすることも残念ながら多々あります。出産ばかりが取りざたされますが、男女関係なく病気をすることもあれば、事故に遭うこともあれば、家族の世話をしなければならないこともある。さらに、誰でも休暇は必要です。

だからこそ、少しでも「みんなが働きやすい」環境を整えなければならない。そこに、女性だから男性だから、既婚者だから独身者だから、などという区分けがあるはずはないと私は思います。

医療分野であれば、診療報酬や保険点数の低さだったり、医師が自らやらなければならない仕事が多すぎることだったり、デジタル化の遅れなどが目につきますが、医療だけでなく、過労はどこでも同じ。もっと構造的なところから変えていかなくては、いつまでも女性も男性も働きにくい労働環境が続くでしょう。ここでの敵は出産の可能性のある女性ではないはずです。

マイノリティの痛みは理解されにくい

塩田　システムから変えていくためには、私たち人間の中にあるさまざまな偏見や無理解と向き合うことが必須ですよね。

私には子どもが二人いますが、悪阻《つわり》に苦しみました。幼い頃から超がつくほどの健康体だったのが、妊娠したら吐いてばかりで食事も摂れないし、仕事にも少なからず影響が出ました。

そのときにいろいろ調べ、悪阻には大した治療法がないどころか、メカニズムすらまだあまりよくわかっていないということを知って、一研究者として衝撃を受けました。

悪阻は、昔からずっと世界中の妊婦を苦しめてきたものです。でも、あまり研究されてこなかった。閉経後のさまざまな症状もそうです。歴史的に長い間、研究者はほとんどが男性で、女性の健康に関する研究への関心が低かった。「それは自然なことなんだから我慢すべき」という解釈がなされ、その解明や対策が進みませんでした。そういった状況を打開するため、近年は「ウィメンズヘルス」という専門領域に研究費も多くつくようになってきました。

同様に、「マイノリティが感じる痛みをマジョリティは理解しない」ということが科学的に証明されています。

たとえば、痛みを訴える黒人の患者が「今の痛みを一〇階段の数字で表して」と言われて「九くらい」と伝えても、白人の医者はそれを過小評価し、鎮痛薬を十分に出さないといったことが、研究で明らかになっています。男女間も同じで、女性の身体的な痛みは過小評価され、診断の遅れや不十分な治療に繋がります。

もちろん、彼らは意地悪をしているわけではありません。要するに、マジョリティはマイノリティについて、想像・共感することがなかなか難しいのです。

これはマジョリティの人たちが悪い、ということではありません。最近は、日本でもたまに耳にするようになった「アンコンシャスバイアス」という言葉、無意識の偏見などと訳されていますが、そうしたものは人間誰にでもあるからです。

内田　アンコンシャスバイアスに対する認知は、残念ながら日本はほかの先進国と比較して遅れているのではないかと思います。「アンコンシャス」というのは「無意識の」という意味ですが、まさに意識にも上がらず、なかなか話題にすらならない。多くの人が気づけないままに、無意識の偏見の影響を受け続け、それを言葉や行動にしてしまっているのではないでしょうか。

その例を一つ挙げますね。

コロナパンデミック下、私は三男を妊娠しました。これから世界がどうなってしまうのかとみんなが不安を抱えていた時期の妊娠は、私も最初は喜びよりも、不安のほうが大きいような状況でした。そんな中、アメリカの医療者の私は、全世界でも一足早く、新型コロナウイルス（以下、コロナ）ワクチンを接種する機会に恵まれたのです。「元の生活に戻れるかもしれない」とやっと希望を感じることができた瞬間でした。一足早く接種する機会に恵まれたありがたみ、さらに妊婦としては世界中でほぼ初めてに近い段階でワクチンを接種できた恩恵を還元したいと、コロナワクチンについての啓発活動を行うことにしました。当時さまざまな偽情報や誤情報が飛び交う中で、多くの方が「接種するリスク」と「接種しないリスク」を天秤にかけ、自分なりの判断ができるようにと願って、医師として、臨床研究の専門家として、そして母として、今のところわかっている科学所見を整理して、一般の方々向けに発信してきました。ワクチンのメカニズム、安全性や副反応について科学的なエビデンスを踏まえた上で、自ら接種した経験について語りました。

これには、多くの応援や感謝の言葉をいただき、一つひとつのメッセージに勇気をいただきました。その中で、ある女性からのメッセージに「最初はいわゆる勝ち組女性の意見かと疑っていましたが、目にするたびに真剣さが伝わってきました」という一節があったのです。

このメッセージ自体はとても嬉しいものでした。でも、どうして「勝ち組女性」という言葉が使われ、さらにそれが疑われる対象になるのだろうかということについて、私は考えさせられました。

果たしてハーバードの医学部の男性准教授が私と同じことを伝えたときに、「最初はいわゆる勝ち組男性の意見かと疑っていましたが」と言われることがあるだろうかと。あるかもしれないけれど、勝ち組女性というネガティブな文脈で使われるより、ずっと頻度は低いでしょう。

このように、ちょっとした言葉にも無意識の偏見というものが含まれるのですね。そして、それらが人を傷つけたり、人の意欲を失わせたりしてしまうことを、マイクロアグレッションと表現します。

実は、そうした一つひとつのマイクロアグレッションの延長線上には、マクロな差別があるのです。無意識の偏見によるマイクロアグレッションは、深いところでマクロな差別と繋がっており、その影響は小さくないということを、私たちは認識しなければなりませんね。

「勝ち組女性の意見かと疑っていましたが」という言葉には、キャリアにおいて社会的な基準で「成功している」ように見える女性は疑うべきという無意識の偏見が表れたのではないかと私は思います。そのような言葉を何気ない瞬間に聞く機会の多い日本で、女性の活躍が伸び悩むのは当然なのではないでしょうか。

時短の子持ち女性はずるい？

塩田　これを話すと長くなるのですが、女性の活躍を阻害しかねない発想を、私自身が持っていたことがあり、今でも深く反省しているんです。

日本の大学で学んでいた一〇代から二〇代の頃、私は「女性限定採用枠」や「女性限定の奨学金」の公募を見て、どうしてこういう制度が必要なのか理解できず、むしろ抵抗感さえ抱いていました。限定の枠を作ってもらわなくても、性別関係なく同じように評価してもらって採用されたほうが嬉しいと。また当時は、「将来母親になっても、寝る時間を削って頑張ればきっと全部できるはずだ」と思っていたし、実際にそういう生き方をしていたのですね。

そのため、女性だからというだけで、なぜ別のサポートが必要なのかが純粋にわからなかったのです。想像力も勉強も足りなかったですね。

周りに母親として子どもを持ちながらキャリアを積んでいる人がいなかったので、

話を聞くこともできませんでした。実際に、私が所属していたとき、獣医学専修には女性の教授は一人もいませんでした。私が東京大学に入学した年は珍しく女性の学生の割合が二〇%を超えたと入学式で言っていたのを覚えていますが、その背景や問題を若い頃はもっと理解しようとしなかった。

そうして時間が経って自分自身が母親になる年齢になったとき、やっとさまざまなことに気がつきました。妊娠や出産を通して、ある意味、強制的に気づかされたと言ってもいいでしょうね。

実は、一回目の妊娠は子宮外妊娠だったんです。

私は自分が妊娠していることすら知らず、趣味のオーケストラのコンサートでチャイコフスキーの交響曲第五番のティンパニーを演奏しているとき、なんだかものすごくお腹が痛くなったんです。コンサート後、重いティンパニーを倉庫までなんとか運んでから家に帰る途中は、痛みで意識が飛びそうでした。

次の日も腹痛が治らなかったのですが、もともと生理痛がとても重いほうだったので、大学の先生には体調不良で休む旨をメールで伝え、痛み止めを飲んでやり過ごそうとしていました。すると、なぜかお腹がどんどん膨らんで大きくなり、ズボンがキツくなってきたんです。これはどうもおかしいと感じたのですが、痛すぎて動けなかったのと、アメリカでは救急を受診するととても高額になる恐れがあったので、家でなんとか耐えていたんです。

するとベッドの中でふっと背筋が冷たくなるのを感じて、第六感とでもいうのか、まさに死に触れる感覚があったんですね。まるで部屋の電気を消すように、本当に簡単に命のスイッチがオフになる、そんな感覚を生々しく覚えました。

それでやっと救急を受診したときには、担当の救急医が真っ青になるような状況。事態は非常に深刻で、子宮外に着床した受精卵は腹腔内の血管を巻き込んで大きくなり、血管が破裂し、腹腔内に一・五リットルも出血していました。ズボンがキツく感じるほどお腹の中に血がたまっていたんです。

それでも、まだわかっていなかったんですね。看護師に「あなた妊娠していたのに気づいていますか」と言われ、とても嬉しく「もしかしてこれが悪阻なのかな?」なんて思ったりしたくらいでした。

ところが、周りにいるたくさんの医師やスタッフは、明らかに誰も喜んでいない。「今すぐ手術しないと死にます」と言われ、とんでもない状況だということはようやく理解できたものの、「お腹の子は助かるんですよね?」と聞いたら「胎児を救う技術は存在しません」と言われました。

その後は悲しみでずっと泣いていて、気がついたら全身麻酔をされて手術が終わっていました。日本なら数週間は入院するようですが、アメリカの病院では翌朝には退院でした。

正直、自分になにが起きたのかしばらくの間うまく理解できませんでした。「妊娠は命懸け」なんてよく聞くけれど、実際に起こりうるさまざまな症状やリスクについて、全く無知だったんですね。職場に女性はいたものの、センシティブなことについて気軽に相談できるような相手はあまりいなかったし、どうしていいかわからず、とにかく強く前を向こうと一週間後には大学に復帰して通常通り研究を始めました。

でも、毎日お腹の手術痕を見ては、「私の子どもはどこに行っちゃったんだろう、一体なにが悪かったんだろう、どうしたら良かったんだろう」と思い、溢れる涙が止められませんでした。もう五年以上経ちますが、こうして内田先生とお話ししている今も忘れることはできません。とくに、術後検診でのエコーの写真で、胎児はすでに八週目を迎えていたらしく、ちゃんと頭と手足ができていたのを見たときは心臓が張り裂けそうでした。

手術をした翌週、私は奨学金の採用面接のために日本に帰国することになっていました。ただ、とても帰れる状況ではなかったので、奨学金財団に事情を説明してオンラインでの面接に切り替えてもらえないか相談してみました。でも、担当の人からは「オンラインの選択肢はありません。辞退届に必要事項を記入して印刷し押印して、翌週の面接がある予定だった日までに日本に着くように郵送してください」と連絡があっただけでした。

このとき初めて「そうか、だから女性への支援が必要なんだ」と気づき、雷に打たれたようで、またしても涙が出ました。

初めて「男性には、生殖年齢の女性以外には、絶対に起こり得ないことが自分に起き、それが原因でキャリアが築けなかった」という状況に立ったんですね。

これまで想像力も勉強も足りなかった自分を心から恥じました。本当に申し訳なかったと。助けを必要としていた人はたくさんいたはずなのに、「なぜ女性に特化したサポートが必要なのか理解できない。頑張ればいいだけじゃない」と若い女性である私が考えていたことで、きっと苦しんでいた人がたくさんいると。

その次の週もWHOの国際疫学専門家会議に呼ばれていたのですが、まだ出血のせいで貧血もひどく、飛行機に乗って移動できる状況ではありませんでした。仕方なくWHOの予防接種チームのディレクターに状況を説明し、オンラインで議論に参加させてもらえないか相談しました。そのディレクターは女性で、すぐに返事がきました。そして、「今はなにも心配する必要はない。私も流産したことがあるから気持ちがわかるよ。もちろんオンラインでプレゼンしたらいいし、体調が悪ければ私が代わりに発表しても全然構わない」と言ってくれたのです。

その後、別の会議の件で連絡をした人も女性でした。その人も「つらかったね。私も流産したことがあるからわかる。大丈夫、心配いらないよ、ひとりじゃない」と返事をくれました。

「ちょっと待って、流産している人ってそんなにたくさんいるの？」と、恥ずかしながら初めて関心を持ちました。日本産科婦人科学会のＨＰには、流産について「医療機関で確認された妊娠の一五％前後が流産になります。また、妊娠した女性の約四〇％が流産しているとの報告もあり、多くの女性が経験する疾患です」と書かれています。

ミシェル・オバマさんも流産を経験し仕事とのバランスに苦しんだことを、彼女の本を読んで知りました。

こんなに多くの人が経験することなのに、話を聞く機会は全然ない。まだまだ働く女性が少ない状況で、こういった妊娠・出産・子育て、さらには更年期障害など女性特有の生理的・身体的な問題について、さまざまな理由で語られてこなかったことを痛感しました。私も自分ごとと捉えて自ら勉強する努力をしてこなかったことを恥じ、深く後悔しました。

悪阻にも苦しまず出産もしないから「男性はずるい」とは思いません。でも、やはり生理的・身体的に男女には違いがあって、子どもや高齢者に特別なサポートが必要なように女性に必要なサポートがあるということを、自分が当事者になってやっと初めて理解することができました。

内田　塩田先生、とても個人的なご経験をシェアしてくださり、どうもありがとうございます。せっかく授かった赤ちゃんを失ってしまったこと、すさまじい痛みに耐えられたこと、本当につらいご経験だったと思います。また、妊娠のために精子を提供した男性は海を渡ってでも面接に向かえるところを、子宮外妊娠した女性は生死をさまよいながら緊急手術を受け、その直後の回復時期の中で、奨学金の面接にさえ向かえず、代替案をも受け入れてもらえなかったというのは、生々しく男女の機会の格差を映し出していますね。

私もとくに初産は「ひと昔前だったら母子共に亡くなっていただろう」と言われた超難産で、八六時間の陣痛の後に、長男が生まれてきてくれました。すさまじい痛み、それこそ生死をわける経験をして、人生の中で初めて「女に生まれたくなかった」と思ったのを覚えています。

難産の後には回復にも時間がかかりましたが、当時会った日本の親戚には変わってしまった体型についてコメントされ、炭水化物の摂取を減らすことを勧められました。どうして女性がこれだけ大変な思いをして一人の人間を創り出すプロセスを経たのに、その結果起きた身体の自然な変化を揶揄《やゆ》され、回復中の身体にさらに罰を与えるようなことを勧められるのだろうと涙が出ました。余談ですが、私はこの体験を経て、「痩せる＝健康」「痩せる＝美」という考え方の問題点を認識し、食事制限は一生しないことを誓いました。同時に私は授乳が全くうまくいかず、身体的にも、精神的にもボロボロになっていきました。

塩田先生は男性はこのような経験をしないということを「ずるいとは思わない」とおっしゃいましたが、私もそこで、その体験をしなくてもいい男性を「ずるい」と思うことはありませんでした。しかし、「うらやましい」とは思いました。そして妊娠も出産も経験しなかった分、私と比べて体力のある夫には、ここから頑張ってもらう必要があると感じました。新生児期はろくに睡眠もとれないし、授乳あるいはミルクをあげてからげっぷ、オムツ、のサイクルの回転で、間に休む時間もない。そんな時期だからこそ、お互いが必要なことを補い合って、共に前進するのがチームだと再確認した時期でもありました。

「ずるい」という言葉について、おそらく、日本では「自分がしている苦労をほかの人がしないのはずるい」という考え方になりがちなのかなと思います。日本が均一性の高い国家だから、そのような考えがわくのかもしれません。でも、たとえば、塩田先生の子宮外妊娠の経験や、多くの女性の流産の経験、不妊治療などの経験がオープンに語られないことでもわかるように、どんなに均一性の高い社会だったとしても、他人がどのような苦労をしているかは一見するだけではわからないこともたくさんあるのです。

また、表面的に均一に見える中でも、生物学的、そして社会的な不平等が存在するのです。そこを「ずるい」から「あなたも私が経験する苦労をすべきだ」というのではなく、どんな状況であってもできる限りその人の能力が発揮できるように、幸せに近づけるように、精神的、身体的な痛みが少なくなるようにできるシステムを目指していかなければならないのではないかと、私は考えています。

一方で、アメリカでは、「アファーマティブアクション（積極的格差是正措置／P173参照）」の在り方に関する議論はやみませんが、人種だったり、経済的なことだったりというベースラインにまず不平等があるということが広く理解されています。とくに、人種に関しては、黒人やラティーノに生まれた時点で、すでに構造的な差別の対象になっているということは否定できませんし、さらに資本主義大国アメリカでは経済的な状況によって、通うことのできる学校や習い事の種類だけでなく、医療の質までも変わるということも明確です。私は日本で義務教育、国民皆保険があることが当然だと思って育ってきたので、こういったアメリカの格差社会には、未だにショックを受けることが多いです。

また、社会的な格差だけでなく、人種によって生物学的な特性も違う。たとえば白人は小麦粉などに含まれるグルテンを腸内で処理できないセリアック病を持つこともありますが、ほかの人種はほとんどない。黒人は鎌状赤血球貧血を発症することがありますが、ほかの人種はほとんどない。このように、アメリカはさまざまな点で、「みんな違う背景からスタートしている」ことが見えやすい環境なのかもしれません。

そんなアメリカで、近年、英語のEquity（エクイティ／公正）とEquality（イクオリティ／平等）という言葉の差異が説明されています。エクイティは「みんなが必要なものを得られているか」、そしてイクオリティは「みんなに平等に同じものが与えられているか」を示しています。

昨年、小学二年生だった息子の学校の教室を訪れたときにも、ちょうど担任の先生が子どもたちに次の話をしていました。

「目の前に高い壁があって、幼い子どもたちにはその向こうの素晴らしい景色が見えないとしましょう。このとき、子どもたちの身長もそれぞれだけど、全員に同じ高さの踏み台を与えるのがイクオリティ（平等）の概念です。

しかし、それでは身長の高さによって景色の見え方が違ってしまいます。同じ高さの踏み台をもらって、身長が高い子は塀の向こうが見えるようになっても、身長の低い子にはなにも見えないかもしれません。そこで、それぞれの身長を踏まえて違う高さの踏み台を用意し、みんなが壁の向こうの景色を見えるようにするのがエクイティ（公正）です。

さて、ここで違う高さの踏み台を用意することは、『ずるい』ことなのでしょうか。いろいろな人が一緒に生きている世界で、みんなが塀の向こうの景色を見られるようにすることは、すべての人にとってプラスなはずではないでしょうか。

人間はさまざまな能力を持っていて、さまざまなタイミングでその能力を発揮します。だから、今なにかサポートが必要な子もいれば、そのサポートがなくても課題に取り組める子もいます。そしてそれぞれの生徒が自分らしく、ハッピーにいられることが、クラス全体の成功に繋がります。そんなクラスを目指しましょう」

これは教室内に限られたことではないですよね。たとえば、以前、私の同期の医師が、病気によって体幹が弱くなってしまったことがあり、病院の部署が彼女のために腰のサポートがある椅子を用意しました。彼女だけが座り心地の良い椅子が与えられたことはずるいことなのでしょうか。それによって、当人だけが得をするかといったらそうではありません。彼女が働きやすくなって業務をこなしてくれたら、みんなが助かるのです。

また、誤解がないように説明したいと思うのが、今ここで言及しているのは「みなが業務の責任を果たせるようになるには、それぞれの人が必要としているのはなにか」ということであって、「責任を果たさなくていい」ということではないということです。仕事でやるべきタスク自体は変わらなくても、その責任を果たすための過程は多様であることが認められるべきで、工夫が必要だということです。

日本の職場では「子どもがいる女性は早く帰れてずるい」と言われることがあると聞きますが、そもそも育児は母親だけでなく、父親も担うべきものです。しかし、OECDの調査によれば、日本人女性は男性に比べて家庭内で家事や育児を五・五倍多く行っているそうです。これだけの無償労働を負担する女性にとっては、早く帰らざるを得ない理由が明確に存在するのです。

そのような状況にある女性を「ずるい」と責めるのは、問題視する対象がズレているように思えます。男性であっても、女性であっても、子どもを持ちながら業務の責任が果たせるような仕事環境を用意することが急務であって、さらに身体的に妊娠出産という大偉業を女性が担う中で、家族にとって必要な家事育児をもっと男性が引き受けることがあってもいいのではないかと思います。

もちろん個別の事情は異なるものの、むしろ、職場において「子どもが熱を出しても、みんなと一緒に残業するのが平等だ」と考えるのは危険な気がします。体調の悪い子どもを放っておくという選択肢はありません。「子どもが熱を出した」あるいは「親が倒れた」など、誰にでも起こり得る状況において、その人の業務が止まってしまわないようにするには、どんな工夫が必要かを会社内でも、家庭内でも考えていくことこそが「公正」なのではないかと思うのです。

塩田先生が応募された奨学金の面接試験に関しても、聞いていて胸が痛みました。「同じ場所で同じ日に受けるのが平等だ」という考えのもとで実施されたものかもしれませんが、その「平等」の中で不等に機会を奪われてしまう候補者もいるのです。むしろ「奨学金を一番効果的に使ってくれる候補者を選ぶ」ということが目的であれば、さまざまな理由で面接地に足を運べない人の中に最高の候補がいるかもしれないのだから、奨学金財団にとっても、その機会を失ってしまうのは損ですよね。

もちろんすべての候補者の希望に対応するのは現実的ではないですし、システムとしてなにを可能にして、なには認めないというプライオリティ（優先順位）を考えなければなりません。単純じゃないからこそ、機会の不均等をいかに是正していくかについて話し合う習慣、そして社会としてもさまざまな試みが必要なのだと思います。

アメリカでは科学者が研究費を申請する際に、「学位を取得してから、〇年以内」あるいは「自分の研究室を持ち始めてから、〇年以内」の人のみが申請できるタイプのグラント（助成金制度）がたくさんあります。その際、男女共に産育休の期間は、期限内の年数にカウントされません。私は研修医終了後六年以内が条件のグラントに出願したときに、このシステムを知らずに「ギリギリだから今回とれなかったらもう次はない」と思い込んでいました。研究費は無事取得できたのですが、焦って不安になっていた私を見て、友人が「ちゃんと産育休期間を除いた年数で数えなきゃだめだよ」と教えてくれ、驚かされたのでした。当時は驚いてしまった制度ですが、今振り返るとそれは当然だと思えるのです。

思いやりの副作用、家族と仕事のバウンダリー（境界線）とは

塩田　人それぞれ状況も違うし必要としていることも違う。それをまず理解し、社会やコミュニティの環境を整え、一人ひとりが自分の責任を果たして輝けるようにする。簡単ではないですが、本当に大事なことです。

そして、その上で、やはり日頃の緊急事態に対応するには、個々人同士の繋がりや連帯は必要不可欠です。

私は先日、自分が議長としてリードしなくてはいけない会議があったのですが、前日の夜に息子が熱を出してしまいました。チームメイトにすぐ相談したところ「明日の会議は私が仕切るから大丈夫！　もし可能だったらオンラインで出てくれたら嬉しいけど、無理しなくていいよ」と言ってくれました。同様に、その人が家族の都合でどうしても休まなくてはいけなかったときは、私に相談がきて、サポートに回りました。

小さな子どもがいる人だけではなく、親が急に倒れてしまって駆けつけなくてはいけない、台風のせいで家が浸水して工事しないといけないなど、さまざまな理由で仕事に行けなくなることがあります。

だからこそ、性別や年齢に関わらず、必要なときに助けを求め合える連帯関係がある職場はとても心強いです。みんな持ちつ持たれつでいけたら過ごしやすいですよね。

でもこれが、言うは易しでなかなかできなかったりします。たぶん、そこには、日本人ならではの思いやりの副作用みたいなものがあるのだと私は考えています。

アメリカにいると、日本人はなんて思いやりが強い国民だろうと痛感します。いつも周りの人のことを気にかけているし、自分の都合より、チーム、会社、コミュニティを優先する。ほかの国ではなかなか見ない国民性で、すごく誇りに思います。そして同時に、もしかしたらもっとリラックスしてもいいのかもと思います。「私のことで同僚に迷惑をかけたくない」と周りを強く思いやる気持ちがあるから、「助けて」となかなか言えずに無理してしまうのではないでしょうか。

みんなで思いやり合いながら、結果的にはみんなが苦しいことになっているというのは、残念なことですよね。誰かが助けを求めることによって、助け合いの輪が広がっていく。誰かの助けになれるというのはとてもとても嬉しいことで、チームとしての絆も強くなります。

私が大前提として思うのは、日本人は本当にみんな心から優しいということ。だからこそ、周囲に対する思いやりの気持ちがとても強いわけです。それをいい方向に作用させれば、最強の「持ちつ持たれつ」が可能になるのではないでしょうか。


内田　私の息子は、九歳、七歳、三歳で、昨年、長男と三男が立て続けに骨折するという事態が起きました。長男は習い事の先で、三男は保育園で、いずれも私たち親がついていない場でのことでした。

その連絡が私の仕事場に入ったのですが、私に「行かない」という選択肢はありません。

もちろん、ナニーさんを雇っている家庭だったり、そうしたことを常に頼めるような第三者がいたらいいのでしょう。でも、我が家は、たまにポイントでベビーシッターさんを頼んだり、低頻度でお掃除を頼むことはあっても、基本的に家事や育児は夫と私でやっています。

夫はプロのチェリストなので、コンサートで遠出することもたびたび。子どもが骨折したときも、どんなに急いでも数時間はかかる場所にいました。となれば、地理的に早く駆けつけられるのはどちらかといったら、私が行くしかありません。三男が骨折したとき、私は患者さんの予約がびっしり詰まっていましたが、事務スタッフに頼んで全部キャンセルしてもらいました。そして、可能な患者さんにはリスケジュールをお願いし、場合によっては、三男を迎えに行く車の中で音声だけでリモート診察するという方法をとりました。なかでも申し訳なかったのが、わざわざ海外から来てくれた患者さんです。私自身が電話して事情を説明し、診察を翌日の朝一番に替えてもらったのですが、その患者さんはアメリカでの予定を一日ずらすこととなってしまいました。

こうしたことは、患者さんサイドにとってはもちろん、私にとっても望ましいことではありません。当然のことながら、ものすごく申し訳ない気持ちでいっぱいになりました。

でも、子育てには「誰も対応しない」選択肢はないのです。だから、どんなに周りの人に迷惑をかけてしまったとしても、私が対応しなければならないときには私が対応する以外はないのです。それを「理想的ではないけれど、仕方ないことだから、行っておいで」と送り出してくれる環境はありがたいと思っています。

人間は多面的であって当然であり、一人ひとり仕事の顔、家庭の顔、あるいは趣味を楽しむ顔などを持っています。最近あった私の病院の会議でも、「職場でも、仕事以外の顔を隠す必要はない。仕事の責任を果たすことは大切だが、『今日は二時から子どもの歯医者さんの予約があるから、早めに終わらせられることは終わらせましょう』とプロジェクトをリードしてもいい。それで二時前に職場を出るときには、コソコソと出るのではなく、『行ってらっしゃい！』とみんなでその人の家庭人としての顔を祝福できる環境を作ろう」というアナウンスがありました。

塩田　今、内田先生がおっしゃったように、ありのままに助け合える環境は本当に大事ですね。

「ハーバード成人発達研究」という、八〇年以上続いているハーバード大学の有名な研究があります。日本でも書籍『グッド・ライフ　幸せになるのに、遅すぎることはない』ロバート・ウォールディンガー、マーク・シュルツ（著）、児島修（訳）／辰巳出版にまとめられていますね。そこでは、私たちが幸福を感じたり、健康に長生きしたりするために、最も重要なのは「人との繫がり」だということが繰り返し示されています。

たとえば、「五〇歳のときの人間関係の満足度が高い人ほど、（精神的にも肉体的にも）健康な八〇歳を迎えていた」と書かれています。また、「孤独感があると痛みに敏感になり、免疫系の働きが抑制され、脳機能が低下し、睡眠の質が悪くなり、すでに孤独にさいなまれていることによる疲労感や苛立ちがさらに増す」ともあります。

要するに、私たち人間は社会的な動物であり、それゆえに人との繋がりがなく孤独な状態でいるとストレスを感じるようにできているんですね。

人との繋がりを大切にするあまり「迷惑をかけたくない」と遠慮するのが日本人なのかもしれません。でも、そこはむしろ「手伝って」と助けを求めることでより強く繋がっていけるのではないでしょうか。

内田　同僚や患者さんに頼みごとをしやすい関係を築くにあたって、私はバウンダリーについて考えさせられます。

直訳すると「境界線」という意味のバウンダリーですが、「ここまでは入ってきてもいいけど、ここからは私のプライベートだから」といった境界線を持つことはさまざまな点で重要です。しかし、その境界線は一本の線ではなくもっと複雑なものです。

先ほどお話しした子どもの骨折などを患者さんに伝えた際に、理解してもらいやすかったのは、普段から母親としての私の姿も知ってくれている状況があったからなのではないかと思います。アメリカの職場では医師や弁護士、会計士などどんな職業であっても、オフィスには家族の写真が飾られていることが多いです。私も診察中のちょっとした会話で「あ、そのアニメ、うちの息子も好きって言ってた」と子どもの話題を出すこともあれば、患者さんから「ご家族は元気ですか？」と聞かれることもあります。そんな質問をされた際、家族の近況を語る人から、軽く「おかげさまで」と答えて終える医師もいる。どれだけプライベートを明かしたいかは個人個人で違うけれど、職業人が、家庭人としての顔も持っており、職業での責任と同時に家族への責任も持っている、という事実を知ってもらうことは悪くないのではないかと私は感じています。

考えてみると、欧米では政治家やアイドル、俳優などが、家族の写真を公開することは頻繁にあるし、ビヨンセ、ジェニファー・ロペスやピンクなどの歌手が子どもをコンサートのステージに招いて共に歌うということもよく見かけます。そういった点ではプライベートと職場のバウンダリーはやや緩いのかもしれません。

しかし、時間というバウンダリーはまた違います。アメリカでは五時くらいには仕事を終え、夕方は家族で過ごす、ディナーは家族で食べるもの、といった境界線ははっきり引かれています。長時間労働は賞賛されないだけでなく、それでも仕事が終わらないのは、仕事の効率が悪いから、あるいは職場のシステムが個人のニーズに追いついていないから、というように問題視されることもあります。また、特別な機会でない限り、仕事仲間と夜まで飲みに行くということはありません。

日本の場合は、そのバウンダリーが逆なのでしょうか。家庭は家庭であり、職場には持ち込んではいけないもの、という雰囲気を感じることがあるのです。家庭を持ち出してはいけない環境では、子どもの骨折の際に迷惑なお願いをするのはハードルが高いですよね。そして、長時間労働が期待される中で、あるいは食後の「飲みニケーション」も期待される中で、「お迎えがあるので」と帰ることも難しいのかもしれません。

エクスターナルリワード（外的報酬）の悪影響

塩田　子育てしながら仕事をしていくときに、母親たちを悩ませる大きな要素としてエクスターナルリワード（外的報酬）があります。

仕事は、頑張れば頑張るほど業績も内外からの評価も上がります。やればやるだけ「頑張ったね」と褒めてもらえたり、昇進や昇給を得られたりします。逆にサボれば周りに迷惑をかけ、業績も評価も下がる。目に見える、わかりやすい「外的報酬」があるわけです。

一方で、子育てにはそうした外的報酬がほぼありません。子育てはどれだけ頑張っても、赤ちゃんから「ありがとう」は言ってもらえない。上司から褒められることもなければ、お給料も当然ない。逆に、手を抜いても迷惑をかけるのは身内だけで、仕事のように業績や評価が下がったりチームの目が気になったりしてしまうわけではありません。

多くの人にとって、子どもを産んで育てる時期は、職業人としての成長も著しい大切な時期にあたります。たとえば私は教授職なので、論文を出せば出すほど評価が上がるし、学生さんをたくさん指導して良いメンターだと言ってもらえるほど評価が上がります。時間をかければかけるほど、エネルギーをかければかけるほど、「外的報酬」は分かりやすく増え、昇進に繋がるわけです。

なので、私たちはついつい仕事に全力を費やしてしまい、へとへとで帰宅してもなお、仕事のことばかり考えてしまったりする。決まった時間に子どもたちのお迎えに行かないといけないので、どうにか仕事する時間を増やそうと試行錯誤して、家に戻っても仕事のメールを気にしてしまったり、子どもを寝かしつけている最中にもなんとか時間を有効活用しようとイヤフォンで論文の朗読を聞いてみたり。ただでさえ短い子どもとの時間を大切にできず、どうしても目に見えるわかりやすい外的報酬のある仕事のほうを優先にしてしまいやすい構造があります。

私も例外ではなかったし、子どもがぐずって保育園に行く前に靴を履くだけで長い時間かかっているのに付き合っていると、「この時間を仕事に回せたらいいのに」と感じてしまうことがあったのも事実です。

親になって数年間さまざまな試行錯誤を経て、今はようやく外的報酬のジレンマから解放される……とまではいかなくてもうまく付き合えるようになってきました。外的報酬や評価にとらわれず、人間として自然な行為である子育てを心から楽しむことができるようになってきたところなんです。だから、当時の私のような状況に置かれている人たちには、まず「そのジレンマは自然なことだよ」とシェアしたいですね。

内田 外からの報酬や評価が得られない育児においては、日々の幸せや子どもの成長、自分が親として感じたさまざまな感情を大切にし、自分自身で評価する「内的な評価」が重要だと感じています。

昨年、チェリストである夫のクラシックコンサートに初めて三人の息子を連れて行きました。三人それぞれが音楽を聴いたり聴かなかったりと異なる反応をする中で、なんとか静かにマネージし、最後までコンサートを無事に乗り切ったとき、今までにない達成感を味わいました。

昨年はキャリア面で外から見える「達成」もありましたが、正直に言えば、それらの外的な評価よりも、この日の達成感のほうがずっと誇らしく感じられました。この日のことを振り返ると、本人にとっての最高の「やりきった！」という感覚が、外からは見えないこともあるのだと実感します。

また、毎日ではないものの、「こんな瞬間があったよ！」と将来の自分に聞かせてあげたいエピソードを、オンライン日記に書き込んでいます。まだ一歳だった長男が「もっと起きていたい」とぐずりながら私の脚の上で横たわって寝てしまったこと。二歳だった長男を真似て、当時一歳の次男がクルクル回転したら目が回って倒れてしまったこと。最近、三歳の三男が初めて描いたトトロの絵……。こんなたわいもない瞬間に感じた、内から溢れ出てきた幸せな気持ちを書き留めているんです。なんの賞ももらえなければ、人に褒められることもないけれど、なにものにも代えられないこんな幸せを、頑張っている自分自身へのご褒美のように大切にしています。

こうやって内的な評価を大切にすることは重要ですが、同時に人間は承認欲求があって当然であり、外的な評価もほしいと思うのは、いたって自然なこと。だからこそ、私は「母親はみんなでお互いを褒め合っていこうよ！」と思うのです。たとえば、私は先日さまざまな習い事やイベントが込み合ってスケジュールされていた放課後の二時間の間に、三人の息子を三か所からお迎えして、三か所に送り届けました。この達成感を私以外の誰かにも祝ってもらいたいと思い、ママ友や夫に伝え、褒めてもらったときには、やはり嬉しいと感じました。

塩田 ある心理学の研究で、外的報酬について面白い報告がなされています。

子どもたちにパズルで遊んでもらい、パズルが解けたらお菓子を与えるグループと、とくに報酬は与えないグループに分けます。さまざまなレベルのパズルが用意してあり、子どもたちはどのパズルで遊ぶか自由に選択できます。

すると、解けたらお菓子をもらえるグループの子どもたちは、簡単なパズルにしか挑戦しなくなるのだそうです。いかにご褒美をもらうかということにフォーカスしてしまうんですね。

一方、報酬がない子どもたちは、自分ができるより少し上のレベルの難しいパズルを一生懸命やって、できないものに挑戦することを楽しんでいたというのです。

これ、子どもに限りませんよね。いわゆるアメリカの「ＡＢＣＤ」といった成績の評価方式をはじめて採用したのは、イェール大学の第七代総長、エズラ・スタイルズという説がありますが、大学生も、自分が本当に興味を持てる講義ではなく、「Ａ」が取りやすいものを履修したりします。

つまり、外的報酬を優先していると、本当に楽しんでなにかに取り組む・チャレンジする、ということが減ってしまうのです。

ということは、子育ては逆に外的報酬がないからこそ、自分の価値観を基準に本当に心から楽しめるとも言えるわけです。私の場合も、外的報酬のために頑張り続けたそれまでの自分の生き方を、子どもを持つことで見直すきっかけになりました。

私たちは、小学校の頃からずっと点数で評価されてきて、それがずっと染みついています。でも、世の中には単純に同じモノサシで評価できない事柄がたくさんあります。とくに子育ては本当に一人ひとり、一家族一家族によって違うもので、均一な評価軸では比べられないし、比べるべきものでもない。でもこれまで学校や社会でずっと外的な評価をされてきたから、なかなか価値観を変えて内的な評価を軸にするのは難しく、時間のかかることだと思います。

内田　私はスポーツ選手を患者さんとして診ることも多く、その中で必ずと言っていいほど話題になるのが、まさに外的な評価と内的な評価についてなんです。

スポーツ選手の場合、外的な評価というのはとても可視化しやすく、メダルや順位、金銭的報酬、スポンサーシップ、メディアの注目、ＳＮＳのフォロワー数などを指します。人間である以上、そうしたものをほしいと思うのは当たり前で、ちっとも悪いことではありません。でも、それだけに頼るのは極めて危うい。なぜなら、外的な評価はとても脆《もろ》いものだからです。

たとえば、私がサポートした選手で、大会に向けてものすごく準備をして臨み、自分の持てる力を出し切ったのに、ライバルとの小さな差により銀メダルの結果になった方がいました。その選手は「こんなに頑張ったのに優勝できなかった」という結果をどう受け入れていいかわからないと悩んでいました。私はその選手との会話の中で、こんな話をしました。

「金メダルを手にできることは、とても意味あることで、自分も周りのみんなも祝福すべき素晴らしい快挙だね。しかし、同じように頑張ってきて、力を出し切ったけれども、ライバルが数ポイント高い成績を上げたことで、それまであなたがやってきたことの意味や努力の価値が変わるのかな？　あるいは、ライバルがその日はたまたま転んでしまって、あなたが優勝していたら、あなたの努力の価値は上がるの？　対戦相手の出来や外的な結果は自分のコントロール下にないけれど、それがどうであれ、あなたが頑張ってきた内的な経験はなにも変わらない。だから、もちろん試合に負けた悲しみを感じながらも、その自分の努力を大切にできるように意識してみよう」

数ポイントの差、あるいはメダルの色という結果だけに着目すると、あたかも自分の価値、あるいは努力の価値が低くなったかのように思えてしまうこともあるでしょう。逆にそこまでの道のりを大切にしてみると結果がどうであれ、自分への誇りや自尊心は揺らぐことはありません。

また、外的な評価は、その人の努力と関係なくいきなり上がったり、下がったりすることも多いものです。アスリートは怪我をすることもあれば、ミスをすることもある。さらに、それまでヒーローのように言われていた選手が、ちょっとした失言で評価を一気に失うという例を、みなさんも見てきたはずです。よくよくその発言内容を精査してみればなんら問題はないのに、一部だけ切り取られることで悪い印象が独り歩きしてしまう「炎上」といった現象も頻繁に起こります。

このように、「人からなにを言われるか」「順位や成績などの数値的な結果」といった外的な評価だけを拠り所にしていたら、なかなか安定した自己評価は築けないけれど、逆に、自分が重ねてきた努力と、その過程で大切にしてきたことは、どんな外的な評価がなされてもなにも変わりません。だから、そんな自分の努力と価値観に誇りを持てるように日々を送ることがなによりも大切なのだと思います。

これはアスリートだけでなく、さまざまな人に当てはまることですね。

内的評価を大きく育ててくれた経験

塩田　評価の問題については、SNSの存在も大きいですね。内田先生はパンデミック中に妊婦さんのコロナワクチン接種について多くの発信をされて、私は感染症疫学者としても、母親としても本当に感謝し尊敬しています。その後もジェンダー関連の発信を続けられていますが、SNSやメディアを通しての啓発を続ける上で意識されていることなどありますか。

内田　先ほどお話しした通り、私はパンデミック下、自ら妊婦としてのコロナワクチンを接種したことをきっかけに、妊娠中のコロナワクチンの接種についての科学情報をメディアを通して語ってきました。この活動は、ポジティブなインパクトを残せたことは間違いないのですが、当時の私自身の体験においては向かい風しか感じないようなな大変なもので、SNSに届くコメントは聞いたことのないような卑猥《ひわい》な言葉だったり、私を打ちのめそうとする言葉で溢れていました。妊娠中の母親として、一番ひどく傷ついたのは、ワクチンに忌避感を感じてやまない方から届いた偽物の死産報告書。見ず知らずの人にわざわざそんなものを送る人がいるなんて、いかに非科学的な情報が蔓延《まんえん》しており、当時の社会がパンデミックの不安に満ちていたかが表れていますね。外的な評価や「いいね」がほしければ、科学情報の投稿なんかしていなかっただろうに、どうしてこの活動を続けたのかを説明させてください。

当時、さまざまな非科学的なデマが出回っていた中でも、とくに人々が不安に思ったのが、「ワクチンを打つと不妊になる、流産する」というものでした。科学的根拠を持たない全くのデマなのに、どうしてこんなにも人々に不安を与える威力があったのでしょうか。

その理由は「いつかは妊娠したい」と思う女性がとても多いこと、同時にそれは切なる願いであること。さらに、不妊や流産というのは、あまり体験は語られないものの、（パンデミックやワクチンと関係なく）非常に高い頻度で多くの方が経験し、精神的な負担を感じるものだからだと思うのです。

不妊や流産というのは、ほとんどの場合は、なにかをしたから、しなかったから、起こるのではなく、コントロールできるものではありません。なのに、当事者の女性は「自分がなにかしてしまったからではないか」と不安に思ってしまうもの。そういった心理状況にある女性たちに、ワクチンに対して忌避観を抱かせるには絶好のデマのターゲットだったのだと思います。

現実を見れば、現在は妊娠中のコロナワクチン接種の安全性は確立されており、世界的に推奨されています。私が精力的に発信していた二〇二一年前半は、私自身も参加した、ワクチン接種後の妊婦の経過観察研究がされている最中でしたが、すでに動物実験や、コロナワクチンの主成分であるｍＲＮＡ（メッセンジャーＲＮＡ）の研究から、妊娠に悪影響を与える可能性が非常に低いことはわかっていました。逆に、コロナに感染してしまった場合の妊婦さんの臨床データにおいては、非妊婦に比べて重症化リスクや死亡リスクは高く、そして重症化してしまった場合にはお腹の中の赤ちゃんに悪影響が起こり得るリスクも報告されていました。こうしたことを考慮すると、感染拡大中にワクチンを接種しないリスクが高いことも明らかです。

これだけ蓄積された科学的な事実を無視して、女性特有の生殖に関わる複雑な不安を突くデマが拡散されていることが私には許せなかったのでした。

圧倒的に男性優位の日本のメディアと医学界が、複雑な不安を感じている日本のお母さんや妊婦さんを真の意味で守るための判断を下せるだろうか、彼女たちに届くメッセージを発することができるだろうかと、不安でたまりませんでした。

私は母親であり、妊婦であり、医師であり、そして臨床研究の専門家です。

今まで受けてきた教育と経験があったからこそできた接種の判断であり、その特権をここで日本の女性たちのために使わなかったら、私はなんのために今まで努力してきたのか。そして私がやらなければ誰がやるのか、という思いもありました。妊婦や母親としての不安や苦労を経験した身だからこそ伝えられる科学的知識や考え方もあるのではないか。そう思って、私は啓発を続けました。その結果、多くの方に知識を届けることができました。

同じ思いを共にする仲間と『こびナビ』（新型コロナウイルス感染症や新型コロナウイルスワクチンに関する正確な情報を届ける非営利プロジェクト）の活動もしました。嬉しいことに『こびナビ』は、二〇二二年『上手な医療のかかり方アワード』において、医療啓発の最優秀賞である厚生労働大臣賞を受賞しました。ただ、外的な報酬という点では、この活動で経験した苦労を考えると、この賞でも全く釣り合わないもの。実際身と心を削ってやりきった活動でした。でもそれでいいのです。私にとっては、啓発活動により、パンデミックが収束に近づき、多くの女性が自分の身体に関わる医療判断を納得できる形でできたのであればそれで満足なのです。

この活動は、外的な報酬は少なくても、私の内的評価を大きく育ててくれた経験でした。

この体験をプロローグに綴《つづ》った私の初著書は『ソーシャルジャスティス　小児精神科医、社会を診る』というタイトルにしました。

ソーシャルジャスティスとは、できるだけ多くの人に機会や権利が渡り、できるだけ多くの人が自分らしい幸せに近づける未来を夢見て働きかけること。ワクチンの啓発に関して、自分や愛する人を守るための科学情報が多くの人の手に届くようになり、多くの人が自分で納得できる医療判断ができるようになることは、まさに先ほどお話ししたエクイティ（公正）に関わる活動でした。その背景には「女性の選択を守る」というフェミニズムの意志があったので、『ソーシャルジャスティス』は的確なタイトルだったと思っています。今も私は、ジェンダーギャップ、LGBTQ＋の権利、女性の身体の自己決定権、子どものメンタルヘルスと社会の関わりなどの話題について、熱意を持って発信しています。やはり分断のある領域なので、外的に見える成功体験もないかもしれないし、本題と関係ない誹謗《ひぼう》中傷を受けることも少なくありません。それでも私にとってはこういった活動を続けることで内的に感じる喜びが大きいのです。

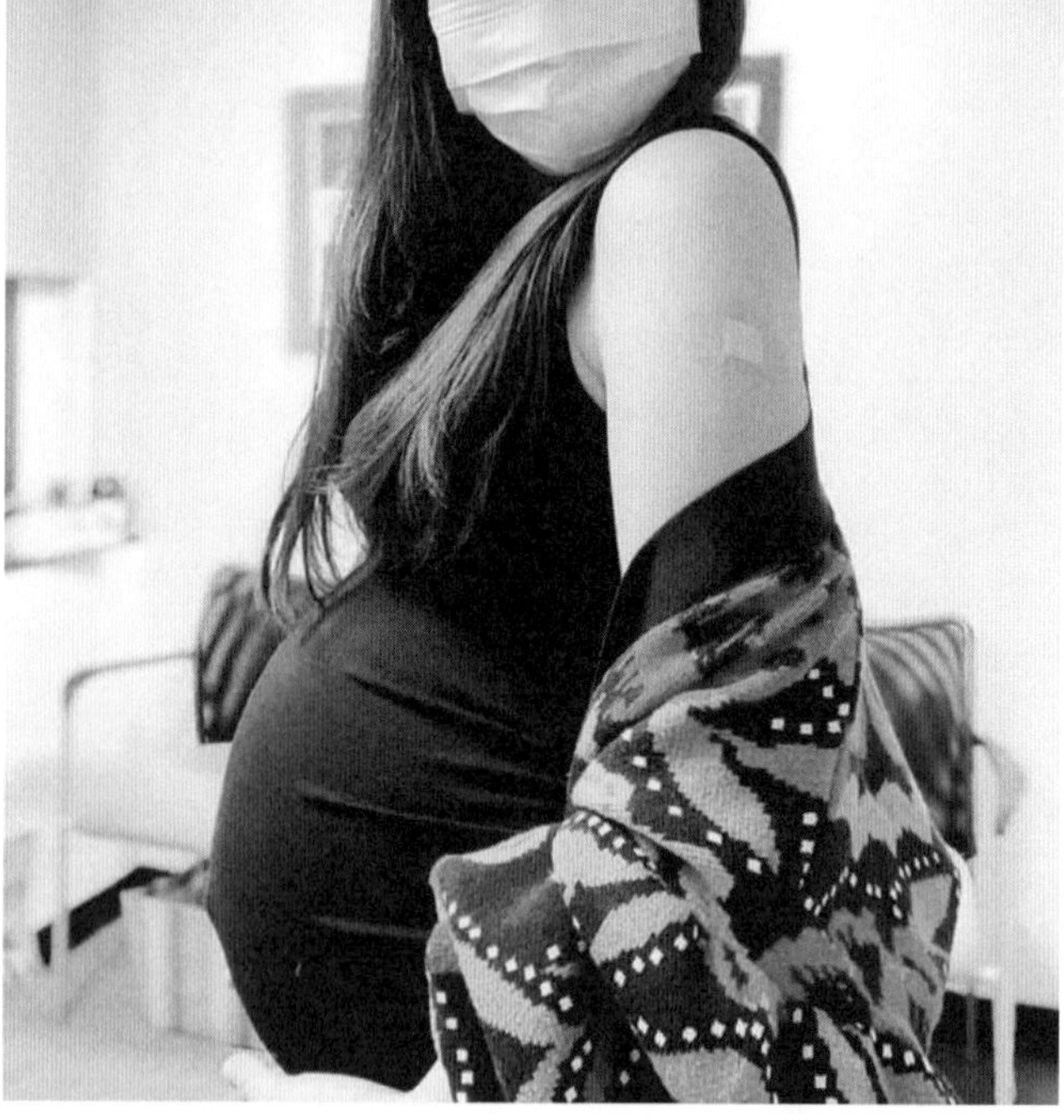

妊娠中にコロナワクチンを接種した直後の内田舞。「この写真は、初著書の表紙カバーにも掲載されました」。

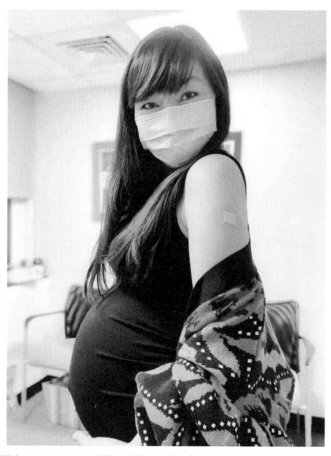

塩田　内田先生のこういったお考えやご活動、本当に心から尊敬しています。私は正直、これまで一日一日自分と子どもたちを生き延びさせることに精一杯という感じで、外に向けた発信はほとんどできませんでした。

でも私がこうして女性として、母として大学で教授職につけているのは、これまでさまざまな人たちが発信しエクイティ（公正）の実現に貢献してきたからだと強く感じています。内田先生をはじめ、たくさんの人たちの発信に勇気と希望をもらってきました。

同時に、以前研究者のジェンダーダイバーシティ（性的多様性）のシンポジウムに参加した際、パネリストの女性教授が「私は大学全体で見ても数人しかいない女性教授の一人で、ダイバーシティ系のイベントやメンターシップ、会議などには必ず呼ばれる。すごく大切なことで私も熱心に取り組みたいが、そういうことに時間をかけると本業にかけられる時間はさらに減る。その間、マジョリティの人たちは、こういったダイバーシティのイベントに参加することもなく、本業にさらに時間をかけ、業績を上げて評価されていることも忘れてはいけない」とおっしゃったのがすごく印象に残っています。本質をつく非常に重要な指摘だったと思います。

2023年９月、米国会議事堂前に立つ塩田佳代子。「Women in STEM（理工系分野で活躍する女性）の代表として、STEM分野に進む女性を増やしサポートするにはどうすれば良いか、という会議で話をしました。日米の国会議員たちと議論するのが目的で、日本からは野田聖子議員や辻元清美議員などが参加されていました」。

マウントの正体と、とても簡単な対処法

内田　日本では、近年「マウント」という言葉がたびたび使われるようになりましたね。相手よりも優位に立とうとすることを表す言葉のようですが、英語の「Mount」は、山を登る、馬に乗る、大きな仕事に取り掛かる、部品を器具に取り付ける、といった意味なので、本来の意味とは全く違う日本語表現が誕生した点が興味深いと思いました。

日本でわざわざ英語とは違う意味を持つ「マウント」という言葉が流行する背景には、「ずるい」という言葉がよく使われる理由と同様、みんながある程度平等であるべきだという発想があるからかもしれません。しかし、多くの日本人が「マウントをとっている」などと感じてしまうことの大半は、実は自慢でもマウントでもなくて、単に、その人なりの達成感や誇りに思えることをシェアしただけなのではないかと思います。

私は筋トレ、とくにブートキャンプ（全身の筋肉を鍛えるために多種多様な動きを繰り返すハードなエクササイズ）が大好きで、そうしたワークアウトのためにほぼ毎日時間を作っています。

そこで出会う人たちとは、「できるよ」「いけるよ」と応援し合ったり、どんな小さな達成であってもハイタッチして「グッジョブ！」と称え合ったりしています。こうして、お互いにポジティブな影響を与え合っているのを日々実感します。実は今朝も塩田先生に「四〇秒で二重跳び五〇回連続できました！」とメールでシェアさせていただきました。すると、塩田先生から「おめでとうございます！　私もさっきジムに行ってヘビーリフティングしてきました！」という元気の出る返事がありました。お互い、できることは違うかもしれない、目指す目標も違うかもしれない。それでもなにか達成したときの喜びや誇りは、誰が上下とか関係なく、共に喜ぶことはできるはずです。

子育て中はただでさえ、ガスライティング（悪いのは被害者？／P165参照）やマムシェイミング（母親に恥を抱かせる攻撃／P163参照）など、自己評価を下げがちな世の中の悪意に遭遇するもの。だから、「すごく大変なの」ということも、「嬉しいことがあったの」ということも、良いところも悪いところも両方併せて、もっとみんなが共有できるようになればいいと思います。

日本で産育休前にあいさつとして、赤ちゃんや妊婦さんが描かれたいわゆる「産休クッキー」を職場で配ったことが「妊娠した幸せ感をマウントしている」と炎上したというニュースを耳にしました。もちろん不妊や流産などの経験を誰にも相談できずにいる方もたくさんいらっしゃるので、誰でも他人の妊娠を喜べるわけではないことは事実でしょう。しかし、それにしても職場にあいさつを伝える赤の他人のクッキーの写真さえ批判の対象になるというのは、SNSの反応の異常さを表していますね。さらに、そのクッキーの投稿に対し「いやいや、マウント大国のアメリカではこんなクッキーも配られるんですよ」という写真つきのリポストがあったそうです。なんでも、子どもがハーバードに通うアメリカ人の親が、職場に「ハーバードクッキー」を持ってきたのだとか。

私はこの投稿のことを知ってびっくりしたのですが、それはアメリカの感覚だと、「マウント」ではないからなんです。アメリカでは子どもが通う学校の名前が書かれたトレーナーを着たり、ステッカーを車に貼ったりする親はたくさんいます。それは子どもたちへの誇り、その学校のコミュニティへのサポートを表すもので、私も息子たちが通う公立の小学校の名前が入ったグッズを日常的に使っていますし、自分の所属するハーバード、あるいは出身のイェールのロゴが入ったトレーナーもよく着ています。それは決して誰かに対して優位性を示したいからではありません。大体、SNSや街中の知らない人に優位性を示してなにになるのでしょうか、という素朴な疑問も残ります。

アメリカの場合、さまざまな特性のある学校があり、大学に関しては、もちろんハーバードは尊敬される大学ではありますが、なにがなんでもハーバードが一番というわけでもありません。子どもの特性によって、合う学校を選ぶことが大切であり、誰それが作った○○ランキングといった指標でトップにランクされる学校を誰もが目指す必要がないという文化も大きいでしょう。

私は、誇りを持つことと、自慢やマウントは全く別物だと思っています。「マウント」という言葉には、おそらく「嫉妬」の感情も付随するものなのではないでしょうか。嫉妬というのは、ものすごくパワフルな感情で、誰にでも生じます。野放しにすると、嫉妬の負のエネルギーは、嫉妬の対象である相手をどうしても引きずり下ろしたいという思いに繋がったり、他人だけでなく自分を傷つけるものになり得ます。

数年前に、当時五歳だった長男と人種差別についての会話をしていた際、息子は「差別ってどうしてあるの?」と聞きました。私は「人間はほかの人を弱いと思うことで、自分の力が強くなると思ってしまうところがあるからじゃないかな」と答えたのですが、息子は「でもほかの人を弱いと思っても、自分は強くならないよ？」と純粋な疑問を言葉にしました。私は五歳の息子のこの言葉を胸に留めています。誰かを下げても、自分は上がるわけではないんですよね。

しかし、それでも人間誰でも嫉妬を感じるものなので、嫉妬心を抱いた自分を恥じることはありません。けれど、上手に処理する方法は持っていたほうがいいでしょう。

私も周囲の人のいろいろな要素に嫉妬することはもちろんあります。そんなときに私が使っている具体的対処法はとても簡単。「私、嫉妬しているんだ」と受け入れることなんです。「この人にはこういうところがあって、それを私はうらやましいって思っているんだ」という事実を認識するだけで、嫉妬から来る攻撃性は薄れ、十分感情のマネージができます。感情というのは面白いもので、どんなネガティブな感情でも、その感情に名前がつくこと、そしてその感情を自分が感じてもいいと許可を与えてあげると、途端に受け入れやすいものになるのです。逆に、「こんな感情、自分が感じているはずはない！」と感情を否定し、押し込めるごとにグッグッとその力は増強してしまうこともあるのですよね。

塩田　対処法を持っておくことは大事ですね。ＳＮＳの存在で、いろんな人の日常を簡単に垣間見《かいまみ》ることができるようになり、無意識に自分と比較してしまうのは誰でもあることです。それによって、過去になかったいろいろな問題を生み出していると思います。でも、ＳＮＳというシステム自体が悪いわけではないのですよね。

たとえば、親しい知人と情報をシェアしたり、離れている日本の友人と近況報告をするのに、ＳＮＳは使い勝手がいいツールです。一方で、外的な評価を意識したら最悪のツールです。

大学生の頃ＳＮＳを始めた当初、私は設定をオープンにしておいたので、いろいろな人から「いいね」をもらえました。そして、それを単純に嬉しく思いました。でも、だんだんとストレスになっていきました。

「昨日は五〇いいねだったのに、なんで今日は一二いいねなんだろう」

「なにか変なことしちゃったのかな」

こうして、考える必要のないことに振り回されているおかしさに、あるとき気づきました。人と人との繋がりが数値化されるってやっぱり気持ち悪いですよね。

近年は逆に、リアルな場での繋がりを持つ努力をするようになりました。子どもを迎えに行ったときに、ちょっと学校に残ってほかの親たちと他愛ない話をするだけで、ＳＮＳとは全く違う本当の人間同士のコミュニケーションがとれることを再確認しました。

ときには、子育ての悩みを打ち明けたり、子どもの進路について相談したりもします。そこで得るリアルな情報は、とても役に立つのです。数分だけですが、毎朝顔を合わせて話しているからこそ、「今日いなかったけど大丈夫？　子どもが風邪引いた？　なにか手伝おうか？」とお互いに連絡することができます。私が夫や親戚と遠く離れて暮らしていてもなんとかやっていけているのは、こういったリアルな人と人との繋がりのおかげです。

ＳＮＳが幅をきかせている現代だからこそ、自分から対面の交流を持ち人間関係を広げることは、子育てと仕事の両立という大変な時期を乗り切るために重要なのではないかと思います。

そもそも、ＳＮＳでは全く知らない人とやりとりをすることで、すごく世界が広がったと思いがちだけれど、それは勘違いなんですね。

ＳＮＳの世界では、どうしても自分と考え方が似ている人、好きなものが似ている人ばかりフォローすることになります。アルゴリズムに基づいて、どんどんそういう人たちと繋がっていくし、関連したコンテンツばかりがおすすめとして表示されるようになるから、一見世界が広がっているように感じるものの、視野としてはひどく狭まっているのです。

加えて、人間には「確信バイアス」というものがあり、自分がこうだと思ったら、その確信をサポートするような情報しか手に入れようとしなくなります。

たとえば、コロナワクチンが安全じゃないと思った人は、ワクチンに否定的な情報ばかり集め、自分の考えを固めていきます。「どちらかわからない」という立場で、フラットに情報を集めることができなくなってしまうのですね。自分とは逆の考えの情報も集めてみて、比較してみよう、なんて思える人はそうそういません。

こうして、SNS上では自分と似ている人たちとの繋がりが強固なバブルになり、それ以外の人と交流することが極端に少なくなる。だから、自分と違う生き方、価値観、考え方の人に会うと戸惑ってしまう。「この人はどういう境遇なんだろう。どういう考え方なんだろう」と推し測る力や許容する力、話し合う力、共感する力がどんどん弱まり、感情的にカッとなってしまって衝突する。それは、エンパシー（自分と異なる価値観に触れたときに、相手の考えや感情を思いやり、想像する力）に欠ける、生きにくい世界ではないでしょうか。SNS時代になればなるほど、多くの人と繋がっているようで、実は本当のところでは繋がっていない、とても孤独な状況に置かれるのです。

内田 表面だけ見れば、SNSは気持ちを満たせる恰好の場だから、自分自身が孤独な状況に置かれているとは気づきにくいのが怖いところですよね。人間として承認欲求も、誰かと繋がりたい欲求も、とても自然なものですし。私は毎日の生活での感動やときめきや、心をこめて書いた記事などをいろんな方と共有したいと思うタイプで、また友人の近況を聞くのも大好きなので、SNSは好きです。それでもSNSを使う際に意識していることはいくつかあります。

まずは自分が投稿するものは「自分」がシェアしたいと思ったことであって、それに対する他人の反応は私のコントロール下にはないということ。また、コロナ禍にとても非科学的な記事もたくさんの「いいね」をもらっていたのを見てきたので、「いいね」の数が投稿の価値を表すものではないということも実感できた気がします。

そして、他人がSNSに投稿しているのは、「誰かに見てもらいたい一瞬の姿」であり、その写真や動画や言葉以外にもその人の人生があることを覚えておくこと。

とくに、パンデミック下、普段であれば廊下ですれ違う中で何気ない会話を交わしたりし、もっと総合的に人間を見られていたのに比べて、リモートの世界では他人の人生についてSNSに投稿されたきらびやかな瞬間しか見えなくなりました。その影響で「他の人に比べて自分は劣っているのではないか」と思ってしまう中高生が多くなったという報告がありましたが、大人も同じなのではないかと思います。

どんなにきらびやかに映る写真があっても、その裏にはどんな苦労があるのか、どんな失敗があったか、どんな不安があるかを私たちは知る由もありません。だから一つの投稿で誰かを羨んだり、あるいはジャッジしたりすることはしないように意識しています。

塩田先生と同じように、私も積極的に人と話をするようにもしています。私の専門分野である精神医学の観点から見ても、人とのリアルなコミュニケーションは非常に重要なのですよ。

私の場合は、子どもの学校のコミュニティなどにおける、親同士の交流が心の拠り所になっています。ママ友たちとは、子どもの話が八割で、残りの二割は自分たちのこと。私が知らない分野を専門にしている人もいれば、専業主婦のママもいます。いろんな興味や生い立ちや経験を持ったママ友たちから鋭い視点を学ぶことも多々あり、そこでの会話は私を大いに助けてくれるのです。

同調圧力や、「こうあらなければならない」という縛りから解放され、みんなが個々人の選択を尊重できる環境でリアルなコミュニケーションを図る。そんな時間を持つことで、気持ちもラクになると思うのです。

キャリアも子育ても チャンスは一度きりじゃない！

塩田　自分の考え方やキャリアについても、いつも同じではなく、いろいろな自分がいるし、いろいろなフェーズがあるという理解も重要なのかなと思います。

私自身、キャリアアップだけに邁進《まいしん》していたような時期もあったし、そういう頃が嘘のように子育てに集中した時期もあります。

これからも、またたくさんの変化が訪れるのでしょうが、そのときどきのフェーズに応じてやっていけばいいのだと考えています。

私は感染症疫学者なので、コロナ禍では専門家としてやるべき仕事がたくさんありました。これまでCDCやWHOでさまざまな感染症対策の経験を積んできて、自分にできることがたくさんあると思ったし貢献したかった。

でも、そのときはまだ長男が産まれて八か月で大変に手がかかりました。しかも、ロックダウンによって保育園も閉まっていたし、シッターさんに助けにきてもらうこともできませんでした。病院や市・州政府からの解析要請・支援要請になんとか応えるため、長男を膝の上に乗せてデータ解析をしたり、授乳しながらリモート会議に出たりしていました。

チームメイトたちとリモートで繋いで解析をしながら「あと三〇分で病院との会議があるから、それまでに明日何人が感染してあと何床ベッドが必要になるか予測結果を出さないといけない」というプレッシャーの中、長男に延々とテレビを見せながら、荒れた部屋で昼夜関係なく仕事をする日々が続きました。

こうして緊急の仕事が毎日山のように押し寄せる中、長男がうんちをして泣いているのを知っていてもすぐにオムツを替えてあげられず、おなかが減ったと泣いていてもちゃんとした離乳食を作ってあげられず……。目も当てられないような状況でした。

そんなある日、疲れ切って大泣きしている息子を見て、はっと我に返り、このままではダメだと気づきました。なんとか自分の専門性を使って社会に貢献したいという気持ちはあるけれど、でも今じゃない。感染症対策の専門家はたくさんいるけれど、この子の母親は私しかいない。

翌日私は自ら申し出て、チームから外れました。自分が全力を注ぎたいと思う仕事にNOというのは初めての経験でした。この規模のパンデミックというのはそうそうあるものではなく、私たち世代はまさに働き盛りと言われる年齢。この一大事に貢献しキャリアを積むことができなければ、もう一生第一線から外されてしまうだろう、という恐怖もありました。

自分で決意したとはいえ、同僚が必死に仕事をしてどんどん業績を上げていく横で、子どもと家にずっとこもっているのは決して簡単なことではありませんでした。「これで良かったのだろうか」という後悔や恐怖の気持ち、そしてやっぱり「私にもできたはずなのに」という悔しい気持ちは何度も込み上げてきて、毎日子どもが寝ているときに泣いているような状況でした。

二〇二〇年夏頃、保育園が再開してからは、仕事に復帰できるようになりました。でも保育園に一人でも感染者が出たら全員五～一〇日間自宅待機で、それが二〇二二年夏まで月に一回はあったんです。とてもフルスイングで仕事をできるような状況ではありませんでしたね。

二〇二一年以降は大人はワクチン接種できるようになり、さまざまな規制が弱まっていましたが、小さい子どもたちは二〇二二年夏までワクチン対象にならなかったため、もう周りは普段通り出勤しているのに、小さい子どもを持つ親だけがまだ自宅待機の規制に従わねばならない期間がかなりありました。「よし、今日こそは仕事ができる！」と保育園に送って行った数時間後、電話がかかってきてまた自宅待機が始まる……。一度ならまだしも、何度も何度もそれが繰り返され、いくら理解がある職場だったとはいえ、そのたびに上司や同僚に理由を話して休みをとるのは精神的にとても堪えました。

でも、そこで終わりにはなりませんでした。

二〇二三年夏、次にコロナのようなパンデミックが起きたときにより良い対応ができるように、『Insight Net』という巨大な感染症疫学専門家の組織をCDCが立ち上げたのですが、その一員として、私が選んでもらえたのです。

フルスイングで仕事ができなかった数年間も、なんとか少しでも研究を進められるよう試行錯誤した結果、定期的に業績を出し続けることができたからだと思います。

同じ境遇の人たちからのサポートも本当に大きかったです。私が所属していた研究チームには小さい子どもを持つ母親が三〜四人いたのです。「あなたが一〇日間の自宅待機の間、この解析をやっておくから。なんとか一緒にこのプロジェクトをやり切ろう」とお互い支え合えた同僚たちがいたのが幸運でした。

だから、以前の泣いていた自分に会えたなら、「大丈夫だよ、今はそれでも大丈夫。

将来、必ずまたチャンスが巡ってくる。絶対に第一線に戻れるし、必ず貢献できるから」と言ってあげたいですね。

内田　それはとても貴重なエピソードですね。「でも、そこで終わりにはなりませんでした」とおっしゃる塩田先生の言葉に救われる方は多いのではないでしょうか。

人間というのは、その場にいるときはどうしても、「これしか、今しか、チャンスがないんじゃないか」と思いがちです。

同僚や似たような位置にいる人たちが成功するのを見れば、「自分は遅れてしまっているのではないか」と不安になることもあります。

でも、実際にはみんなそれぞれのペースがあるわけです。

一人ひとりの人生において、いろいろな障害物があったり、いろいろな変化があったりする中で、みんな一生懸命やっているわけだから、緩急があって当然です。少しペースダウンしたり、一時的にストップしたりしても、長い目で見ればたいした影響は出ません。

それに、障害物をクリアしようとしているときや、変化に対応しているときは、時間を無駄にしているのではなく、実は素晴らしい成長を遂げている一面があります。

だから、そのために走るスピードが落ちることを、ネガティブに捉える必要は全くなし。まさに「大丈夫」と言いたいですね。

塩田　思い出すのは、子宮外妊娠で大変な思いをしたときにも、先輩女性からのサポートによって、精神的にもキャリア的にも本当に救われたということです。

手術後、研究や国際会議に穴を開けそうになったとき、仕事相手にどう伝えたらいいのか、どこまで説明するべきなのかもわからず、貧血の頭であぁでもないこうでもないとメールを何度も書き直して送っていました。

男性女性、さまざまな年齢、人種、職位の人に連絡しましたが、同じ経験をしていた人や、似たような境遇を間近で見ていた人たちは、私の拙《つたな》いメールを見てすぐに状況を察し動いてくれたのです。もし私が職場にたった一人の女性だったらどうだったかと思います。

手術をしてから何年も経ちますが、当時一緒に働いていた人たちとまだ一緒に国際的なプロジェクトを動かしています。あの頃の私は大学院生でしたが、今ではプロジェクトリーダーで、私が周囲の助けにまわる機会も増えています。

たとえば、手術後助けてくれたＷＨＯの人から「ごめん、私の父が急に手術を受けることになった。今日のミーティングは出られないから代わりに発表してくれない?」とテキストが送られてきたとき。「もちろん!　なにも心配しないで、うまくやっておくよ。あなたの仕事だってことをちゃんと明記して発表するよ。議事録もとってあとで送るね」と返事ができた私は、仕事を続けていて良かった、恩返しする機会があって良かったと心から思いました。

なぜ女性リーダーは生まれにくいの？

塩田　これまでの経験からしても、女性リーダーがもっと増えるべきだと私は感じています。アンコンシャスバイアス（無意識の偏見）が感じられる現象の一つに、女性がリーダーになることへのネガティブな反応がありますね。リーダーになった女性は「あの人、素敵だね」と賛美されるのではなく、「鉄の女」みたいな言われ方をすることがよくあります。

そもそも「リーダーになりたい」と手を挙げる女性が男性よりも割合として少ないのは、周りから「冷たい人・怖い人・変わった人」と見られたくないという理由もあるでしょう。実際に、そういう扱いを受けている女性リーダーたちを目の当たりにしているわけですから。

この傾向は日本ではとくに強いけれど、世界共通のものと思われます。男性リーダーが積極的に指導したり、強い意志を持って説得したりすれば、頼りがいのある人だと評価される。ところが、それを女性リーダーがやると、「なんだか上から目線だな」みたいな拒否反応になってしまうのは、残念ながら普遍的によくあることです。

もちろん、それではダメなわけで、アメリカではトレーニングがなされます。「こういうアンコンシャスバイアスがあちこちにありますよ。だからそうならないようにみんなで意識して気をつけましょう」というトレーニングを毎年受けるので、日本よりは認識しやすいかと思います。日本でも、「そもそもアンコンシャスバイアスがある」という合意のところから始める必要があるのかもしれません。

もう一つ、女性がリーダーになったときの評価の目がすごく厳しい。たとえば、大きな組織のトップであれば、必ずと言っていいほど「女性初の〇〇」と報道されます。

本来であれば、女性リーダーも男性リーダーも同じはずなのに、注目度が違うのです。なにかうまくいかないことがあれば「女性だから」「リーダーシップが足りなかったから」と批判の矢が飛んでくる。こうして女性リーダーは「失敗できない」というプレッシャーが強くなります。

一方で、女性にはリーダーになるためのトレーニングを受けていない人が多いのですよね。今の日本企業や政府は、人数的には女性リーダーを増やしています。女性リーダーを増やしていくこと自体は良いことだけれど、ただ数を増やすだけではなく、トレーニングも含め、サポートシステムも変えていく必要があるでしょう。

人は、自分と似た人を助けてあげたいし、自分と似た人にアドバイスを送りたいものだということは、社会学研究のデータが示しています。そういう実体験をした人も多いのではないでしょうか。ある女性が法律事務所に勤めていたとき、白人男性の上司が白人男性の部下に顧客リストを共有して、部下がどんどん業績を上げていく様子を見たけれど、自分にはなかなか回ってこなかったと話しているのを耳にしたことがあります。日本でも、少し前までは喫煙室で男性のみで仕事の大事な話がされることが多かった。仕事後の飲み会や週末のゴルフで情報交換したりネットワークを広げたりすることもありますが、子どものお迎えがある母親は参加できない。研究者は学会に出席することがキャリアを築く上でとても重要ですが、男性は子どもを置いて出張するのに、家事・子育ての多くを引き受ける女性はなかなか行けなかったりする。

つまり、これまで男性リーダーが多かった社会では、女性より男性のほうが、リーダーになるためのトレーニングやサポートを受ける機会が多くなってしまうのです。

こうしたところから覆していくのは大変だけれど、絶対に必要なことだと思います。

内田　アメリカでもこの問題は存在していて、無意識の偏見が女性がリーダーになるのを阻むことを調査した研究も数々あります。

たとえば、イェール大学のコリンヌ・A・モス・ラキューシンらが行った研究によると、同じ経歴と業績の履歴書を提出した場合に、男性の名前での応募のほうが採用される確率が高く、さらに初任給も高くオファーされたという結果が報告されています。アメリカでは就職のための願書には性別を記載する欄はないのですが、全く同じ経歴でも男性名のほうが優遇されるというのは、無意識のジェンダーバイアスがあることを物語っています。

また、マサチューセッツ工科大学（MIT）のダニエル・リーらが行った研究によると、アメリカの労働市場では、女性は平均的に男性よりも仕事で良い成績を出すが、「ポテンシャル（人が持つ潜在的な能力、将来の可能性）」という主観的なカテゴリーでは男性よりも低く評価される傾向にあるといいます。その結果、女性従業員は男性よりも昇進を受ける率が一三％も低いと報告されています。

さらに、米国のコンサルティング会社マッキンゼー・アンド・カンパニーとリーンインの調査によると、女性従業員は上司から受ける仕事上のアドバイスが男性従業員に比べて二四％少ないという結果も報告されています。

男性同士は、俗に「ボーイズクラブ」と呼ばれる集まりで、重要な情報交換がされたり、その関係性で「こいつを引っ張ってあげて」と仲良し同士がポジションを与え合う関係性を築きやすいと言われています。そこにはなかなか入り込めない女性には、よい機会が回ってこないという構図ができあがってしまうのです。塩田先生がおっしゃった、男性上司が後輩の男性にクライアントリストをそのまま譲るというのも、まさにこの構図ですね。

さらに、「女性がやった仕事なのに、最終的に男性のクレジットになる」という現象もありますね。スタンフォード大学の社会学者のシェリー・J・コレルとシシリア・L・リッジウェイの研究によると、男女混合チームが同等の貢献をした場合にも、チームが成果を出した要因は男性メンバーにあるはずだという印象を得る人が多いと報告されています。同じく、昇進審査の場でも、履歴書に共著論文があった場合、その論文の評価によって昇進を受ける確率が女性よりも男性のほうが高いことを経済学者のヘザー・サーソンズの研究は記しています。経営学においても、コリン・ベンダースキーとキャメロン・アンダーソンは、男女が同等に貢献した場合には、そのプロジェクトのクレジットを得るのは男性であることが多いだけでなく、女性が男性と同等の評価を受けるには、男性以上の成績を出さないといけなかったという研究結果を報告しました。

近年では「Mansplaining（マンスプレイニング）」に続く言葉として「Hepeating（ヒーピーティング）」も使われ始めました。Mansplainingは、女性がすでに理解していることを男性がわざわざ解説し、優位性を示そうとする行為を指し、Man（男性）とExplaining（解説する）を組み合わせた言葉です。それに対して、Hepeatingは、Repeating（復唱する）にHe（彼、男性）をかけたもので、男性が女性の発言を繰り返してあたかも自分の意見のようにする行為を意味する、面白い表現です。

イエール大学ビジネススクールのヴィクトリア・L・ブレスコルの研究によると、会議などで女性が申し出たアイデアは最初に注目されることは少ないが、同じアイデアを男性が復唱した場合に、「それはいいアイデアだね」と採用されることが多いということでした。このように女性のアイデアを男性が復唱してクレジットを得ていく現象が、まさにHepeatingです。

無意識のジェンダーバイアスによって、このように小さな男女差が生まれ、それが積もり積もって大きな差になっていく。こうして能力や適性があるにもかかわらず、女性は、的確な肩書きを得られない現状があり、アメリカでも非常に問題視されています。だからこそ、問題の可視化が進み、アンコンシャスバイアスのトレーニングが義務化されてきました。その結果、残る問題は山積みでありながらも、女性のリーダーを目にすることは珍しくなくなってきました。

日本はどうでしょうか？

日本政府も以前より言葉では「女性を役職に置かねば」と言っていながらも、内閣府男女共同参画局が発表した『政治分野における男女共同参画の状況』（二〇二四年三月二六日）によると、国会議員の全体数は七〇九人で、うち女性は一一四人（世界で一六五位）にとどまります。また、二〇二四年に公表されたＧＧＩ（ジェンダー・ギャップ指数／世界経済フォーラムが経済、教育、健康、政治の分野ごとに、男性に対する女性の割合を算出するもの）に関して、日本は一四六か国中、一一八位。

Ｇ７だけでなく世界水準としても驚くほど低い順位になっています。残念ながら、この数字を見ただけでもアンコンシャスバイアスの影響の理解すら進んでいない状況が浮き彫りになるかと思います。

先ほどの「ボーイズクラブでの情報共有から女性が排除される」ということに関して、「女性も男性並みにリーダーシップをとりたいのなら、その仲良しサークルに入ればいいじゃないか」という声を聞くことがあります。ですが、塩田先生もおっしゃっていた通り、日本の場合、情報共有がされる飲み会の多くは家事育児をしなければならない時間にありますよね。日本の女性は男性に比べて五・五倍家事育児をしているという結果が出ているように、この時間に女性は外に出られないのです。

さらに「ボーイズクラブ」的なものは、キャバクラのような場所で、また男性のノリで行われることも多く、女性にとっては入りにくく、入ったとしても嫌な思いをする……という現実もあります。私も日本で医師が集まる飲み会のノリは、未だに苦手だと感じています。あるいは、アドバイスをもらうために食事の誘いを受けたら、相手には性的な目的があった、という話も耳にしますね。その際、その誘いを受けた女性が悪いと批判されることも多い。

また、日本のようにリーダーが男性ばかりの場合、本当は女性が必死にこなした仕事であっても最終的に「すでに立場のある肩書きを持っていて、目立つ位置にいる男性の名前で発表したほうがインパクトがあるから」と結果的にそのクレジットを男性が奪うケースもアメリカ以上に多くあるのではないでしょうか。あるいは女性職員が継続して成し得たプロジェクトの最終段階で出張が必要なときに「彼女は育児があって出張ができないから、おまえが行って、ゴールを決めてこい」と送り出された男性職員が祝福されることもありますね。その状況では「仕方がない」、そして誰も悪意がなかったというのは事実であっても、一つひとつの判断が女性たちの将来に影響すること。こういった状況が、実は気づいていないかもしれない、さまざまなアンコンシャスバイアスが交わって生まれた状況であることを真摯に理解しなければならないと思うのです。

塩田　そもそもの話になりますが、親が子どもにかけている言葉が、男の子と女の子では幼児の頃から全然違うということが、科学的なデータで証明されています。男の子にはできるようになったことに対して「よく頑張った」と褒めることが多いのに、女の子には「本当に可愛いわね」と容姿を褒めることが多いそうです。

また、女の子は「数学の試験で頑張って高い点をとろう」と言われることよりも、「料理がうまくならないと結婚できないわよ」と言われるほうが多い傾向にあります。

そういう育て方をされてきたら、大人になって「リーダーになる自分が想像できない」と戸惑う女性が多いのも頷けます。このように、脈々と何世代にもわたって刷り込まれてきたものを、自分の中でどう処理するか。それはなかなか難しい課題ですよね。

だから、若い人たちにはぜひ自分の将来について、「本当になりたいものはなに？」ということを突き詰めて考えてもらいたいです。「社会があなたになってほしいもの」

ではなく、「あなたが本当になりたいもの」を突き詰めて。

そうやって、社会の目とか社会からの影響というものを頑張って切り離して考えてみると、もしかしたら全く違う自分が見えてくるかもしれません。


内田　日本における「古き良き時代の女性像」というものに、決断をしたり、周囲を率いたりする人があまり入っていなかったので、子どもの頃から目指すべき女性として提示される像が男性とは違うのですよね。

そうした価値観が、親や大人が子にかける言葉だったり、テレビに映る男女の姿だったり、マンガの世界などにまで深く入り込んでいることに気づいていない人も多いことでしょう。小さな頃からの「男とは」「女とは」というイメージの刷り込みは強く、男女共になかなかそこから抜け出せずにいるのではないかと思います。

私がよく例に出すのが『ドラえもん』のしずかちゃんです。お茶の間や夏休みの映画館で家族で鑑賞する国民的アニメの代表格とも言えるドラえもんには、のび太やジャイアンなど、象徴的な人物が何人か登場します。その中で、みんなが憧れるしずかちゃんは日本女性の理想像として描かれています。

しずかちゃんは、頭はいいし、人付き合いも得意だし、すごく優しい。まさにリーダーとして活躍する能力を持っているのに、なにか問題に直面したときにリーダーシップを取る姿はあまり描かれません。男性の後ろに隠れ、男性の活躍を応援し、みんなの補佐役に徹します。さらに小学生であるにもかかわらず、日々お風呂を覗かれている。「能力がありながら、その能力を発揮することはせず、男性を後ろから支え、性的な対象になる」ことが日本の女性に求められていることを象徴しています。私がこれに気づいたのは大学生の頃で、それまでもやもやと感じていたものが言語化された気持ちでした。

世の中の人の共通の観念は、メディアを作る側も当然持っています。だから、多くのメジャーメディアに投影される。そのメディアを大勢の人が視聴することによって、さらにその観念が増強される。そういう相互作用がメディアと視聴者の中にありますよね。

社会の中でしずかちゃんのような女性が求められているから、『ドラえもん』に限らず、ニュースやバラエティー番組、ＣＭでも、しずかちゃん的女性が頻繁に登場する。それらを見ることによって、理想の女性像がさらに揺らがないものになっていく。これは気づかぬうちに、女性にも内在化していくものです。

ここではっきり申し上げておきたいのが、女性としてしずかちゃんに憧れ、彼女のように生きたいと思うことは全く悪いことではありません。もし、さまざまな選択肢から、自分はこういう女性になりたいと思うのであれば、ぜひその幸せを求めてほしいです。しかし、ここで問題なのが、日本においてはその「女性としてのさまざまな在り方の選択肢」がほとんど提示されていないということなのです。

社会で共有される無意識の偏見や、社会構造における差別によって、違う生き方ができない現実がある。

もちろん、しずかちゃんに象徴される理想像的なものは、男性に対しても存在します。多くの男性が、ただ男性に生まれたというだけで、「男の子なんだからしっかりしなさい」「男の子なんだから泣いちゃダメ」などと言われて育ったことでしょう。男性にも、「早く家に帰って子どもと過ごしたい」と思っている人は多いはずなのに、それは「一家の大黒柱」としての理想の父親像によって阻まれてしまうこともあるでしょう。あるいは一家の大黒柱は夫婦で二つの柱になることもできるのに、「自分が頑張らなければ」と自分自身を追い詰めてしまう男性もいらっしゃいます。

「無意識の偏見」というだけあって、親や教育者はたいして意識せずに言っていたとしても、固定観念の刷り込みは、個人の選択肢の幅を狭めます。マクロな賃金格差や家庭内での関係にまで及ぶ、すべてのジェンダーギャップに繋がっていくのです。

評価を決めるのは業績であって働き方ではない

内田　日本において男性と女性の役割が固定されがちな要素として、社会が作り出している経済的なシステムの問題は看過できません。

家事や育児というのは、とても大変でかつ価値ある仕事だけれど、そこには賃金が発生しません。そして、それを女性が引き受けている割合が非常に高い。

一方で、賃金が発生する世界には正規・非正規という区分があって、「経済的な一家の大黒柱であるべき」という社会的なプレッシャーを背負っている男性は正規社員という立場にこだわらざるを得ない場合もあるでしょう。会社での立場を気にしなければならないし、長時間労働もなかなか断れないから、家事や育児に時間が割けないという現状も否定できません。そして、そのしわ寄せがいった女性は、家事育児という無償労働を背負い、フルタイムで働くことが難しく、なかなか正規で仕事ができない。女性が非正規雇用という不安定な状況だから、男性側は正規で働くことにこだわらざるを得ず……と、男女のカップルの場合は、こういった負の連鎖が起きているわけです。

「正規か非正規か」というグラデーションのない二択状態が、多くの人たちを苦しめているところもあるのではないかと思うのです。

私の場合はフルタイムで働いていますが、評価の対象は「プロダクティビティ（生産性）」であり、仕事場にいる時間ではありません。医師として患者さんをしっかり診ているか、研究費を獲得できているか、論文を出せているか、医学生や研修医に向けて質の良い教育ができているか、が評価されます。それさえクリアしていれば、時間的にはいつ仕事をしていても良いですし、場所も問いません。

とくにパンデミックを経て、会議や診察もリモートでできることが増えたので、出勤せずに済ませることも多いです。仕事をこなしてさえいれば、早く帰ることも、家で仕事をすることもOKです。その時々の事情で、生産性が低くなれば焦る気持ちも出てきますが、後で挽回するというのもアリです。

逆に義務を果たせなかった場合は、どんなに長時間労働をしていたとしても評価されませんし、「あなたが義務を果たせるようになるにはどのようなサポートが必要ですか？」という会話があるでしょう。そして、職場が工夫やサポートを提供した上でも、義務が果たせない場合は、減給、あるいは解雇されることもあります。

成果を評価され、長期的な安定が保証されないという点では厳しい側面もありますが、グラデーションがある働き方ができることが、私の仕事と育児の両立を助けている要因の一つですね。


塩田　フレキシビリティ（柔軟性）がすごく重要ですね。日本では、いったん非正規の職に就いてしまうと、なかなかそこから正規雇用に向かうのは難しくなります。

一方で、私が所属しているボストン大学では、三人の子を持つ女性の教授が、身分は正規ではあるけれど、出産後一〇年間パートタイムで働いていました。パートタイムだからといって、昇進に悪い影響を与えるようなことはなく、業績だけで評価してもらえます。

実際に、そうした働き方をしつつ、彼女は同期と変わらないタイミングでアシスタントプロフェッサーからアソシエイトプロフェッサーに上がり、その後フルプロフェッサーになりました。今はもう子どもが大きくなったので、フルタイムで働いています。

内田先生が「センター長」という責任ある立場を任された（P123参照）のも、妊娠しているさなかでしたよね。

つまり、本来、その人の評価を決めていくのは業績であって、働き方、働いている時間の長さではないはずです。このように、フレキシビリティがある環境は、女性が自由にキャリアを選択できるという意味で非常に大事なのだと思います。

その分野の実績と能力がある人に機会を

内田　ここで、真の評価とはどういうものかについても考えたいと思います。G7広島サミットに伴って二〇二三年六月、栃木県日光市で男女共同参画・女性活躍担当大臣会合が開催されました。各国大臣とEUおよびGEAC（ジェンダー平等アドバイザリー評議会）の代表が顔を揃えましたが、メンバーは開催国の日本を除いて残りの全員が女性でした。すかさずタイム誌は、「Japan Sends Male Minister to Lead G7 Meeting on Women's Empowerment（日本は女性の地位向上に関するG7の会合に男性の大臣を派遣）」という皮肉たっぷりの記事をアップしました。

「それにしても、なんというMissed Opportunity（せっかくの機会を棒に振ってしまった）でしょう」という声がアメリカでは多く聞こえました。今まで頑張って業績も残してきた女性がそこに代表として立てる機会があるのに、そんな女性をハイライトするどころか、その機会を男性に回した。日本という国がその大切な機会を逸してしまったというのが国際社会からの反応でした。

私はどんな分野であれ男女などの属性と関係なく「その立場にふさわしい人」がポジションに就くべきだと考えています。

ですから、これまでに女性の活躍を推進してきた顕著な実績があるならば、女性活躍会議をリードするのが男性だっていいでしょう。むしろそんな男性が増えることは必須ですので、これからも多くの男性リーダーが女性を支える存在感を見せてほしいと願っています。しかし、そうはいっても、女性の活躍のためのリーダーのポジションに女性が就くメリットは大きい。

私たちの人生におけるさまざまな事象には、どんなにエビデンス（科学的根拠）をもとに理解していても、実際にそれを経験しない限りわからないことも多いですよね。先ほど、塩田先生が「マイノリティの痛みは理解されにくい」、そして、悪阻や陣痛などの、女性だけが感じる苦痛についての医学的な研究がいかに進んでいないかについてコメントされました。それに象徴されるように、男性優位の社会構造がある日本において、マイノリティである女性の現状を正確に表すエビデンスというのは、十分にあるかといったら、そうではないのです。

少ないエビデンスを理解し、自分の人生を通して得た感覚や考えをそこに反映し、女性の活躍を促進するための議論をリードできる人、となると、やはり女性がふさわしかったのではないかと思うのです。

さて、女性活躍促進会議のリーダーシップのポジションを意識的に女性に任せることは「ずるい」のでしょうか。私は、意識的に女性リーダーを探す努力は奨励すべきであり、それを「ずるい」とは思いません。しかし、だからといって、女性であれば誰でも適任だとは考えていません。

そんな単純なことではないのです。

アメリカでの例を通して、説明させてください。第四六代大統領のジョー・バイデンは、自分が大統領に就任したら、今までたくさんの社会的貢献をし、業績を上げていながらも、アンコンシャスバイアスによってリーダーの座に就く機会を失っていた「Woman of Color(ウーマン・オブ・カラー／白人以外の女性)」のカテゴリーの人たちを重要な役職に就かせると宣言しました。

そして実際に、副大統領にカマラ・ハリスを、最高裁判事にケタンジ・ジャクソンを、報道官にはカリーン・ジャンピエール(いずれも黒人女性。ジャンピエール氏は同性愛者であることも公言しています)を任命しました。それを見て、「黒人女性なら誰でもいいのか」などと言う人がいますが、断じて違います。彼女たちは与えられた肩書きを得るだけの経歴、知識、経験、そして人望がありました。バイデンは、こうして本来であればとっくにその地位に就いていていておかしくないのに、組織的差別や無意識の偏見によって機会が失われていた、有能で実績のある黒人女性を正しく引き上げただけなのです。

先ほど、アメリカで実績が同じであっても、男性名で出願したほうが女性名以上に採用されやすいというデータを紹介しました。これは、ジェンダーだけではなく、人種に関しても似た研究結果が報告されています。同じ実績があっても、ジョン・スミスのようなアングロサクソン系（イギリスおよびその影響を受けた文化や人々を指す表現。とくに英語圏出身やその文化的背景を持つ国々）の白人名のほうが、アジア系、アフリカ系やラテン系の名前の人と比べて採用される確率が高いとのこと。

このように一般的に、重要な地位にはマジョリティのストレート（異性愛者）の白人男性を採用してしまうような社会的な構造があるのです。そのため、どれだけ能力が高くても、有色人種である、女性である、あるいは同性愛者であるというだけで名前が上がらなかった人たち、つまり無意識のバイアスによってふるい落とされてきた人たちを、バイデンは意識的にピックアップしたのです。まさに先ほどお話しした「エクイティ（公正）」に従った採用ですね。

日本の女性活躍におけるリーダーも女性であれば誰でもいいわけではありません。リーダーに選ばれるためにはそれだけの実績がなければならない。しかし、すでに業績があり、女性の活躍を促進するためにリーダーになれる女性は日本にもたくさんいるのではないかと私は予想するのです。意識して考えなければ、「リーダーは男性がなるもの」という無意識の偏見に影響されてしまうもの。大臣のようなポジションも「この人を引き上げて」とボーイズクラブ的な、サークル内の関係が影響するであろうと想像します。今まで、そんな不利な状況の中でふるい落とされていたかもしれないけれど、本来は機会を与えられるべきであった、その分野の実績と能力のある女性。その人たちに、ぜひ機会を与えてほしいと願っています。

一分たりとも放置してはならない男女の賃金格差

内田　日本に限ったことではなく、世界的に男女不平等は存在します。ただ、それが問題であること、社会にとってなんの得ももたらさないものだということは、いろいろな国で話し合われています。アメリカの女性が参政権を勝ち取ったのもほんの一〇〇年前で、それからの一世紀で、紆余《うよ》曲折ありながらも多くの進歩をしてきました。

しかし近年アメリカではトランプ政権の力で人工妊娠中絶を禁止された州もあり、女性の身体の自己決定権においては後退している部分もありますね。たとえばレイプの被害者であっても、それが幼い子どもであっても、あるいは塩田先生のように子宮外妊娠の場合でも、中絶が拒まれることもあるというのは、私は医師として絶対に受け入れられません。さらに、大統領選。これだけの実績、経験、知識を要していても、ヒラリー・クリントンもカマラ・ハリスも、トランプに敗北しました。敗北の原因はどんなに分析しても答えが出ないものですが、「彼女たちが女性であるから」という理由だけではないとは思います。しかし「やはり女性候補ではアメリカ全土の支持は受けられない」という結論がすでに語られており、たとえそれが事実であったとしても、今後リベラル寄りの民主党でさえ、近い将来の大統領選において女性候補が選ばれにくくなってしまったのは、とても悲しいです。

何世代にもわたって多くの女性が声を上げて、無意識の偏見に立ち向かい、多くの人の理解を得て、勝ち取ってきた権利、どうか後退させることなく、大切にしたいです。

日本も変わりつつあるのですが、その進歩のペースが、大混乱のアメリカを含め、ほかの先進国と比べるとかなりゆっくりであるというのが現状です。

先ほども話しましたが、最新のジェンダー・ギャップ指数ランキングにおいて、日本は一四六か国中、一一八位。ちなみに、一四六位はスーダンで、女性性器切除の施術が水面下でまだ行われていることが問題視されているような状況にあります。そのちょっと上にすぎないというのは、決して見過ごしていい話ではないでしょう。

この件について私が大きな問題だと思うのが、このようなランキングを聞いても、女性の○○率といった数字を聞いても、日本の男女格差がいかにひどいかがわからないという日本人が非常に多いことです。

一歩外に出てみると「これはおかしい」と思えることも、その中にいると日常に根深く入り込んだ差別が、まるで常識になってしまって、なにが問題なのかさえ認識できないことが多いものです。こういう状況にあると、意識しない形での搾取が続き、被害者なのに自分の首を絞めてしまうようなこともあるのです。

ランキング一位のアイスランドですら、「我が国にも女性差別は存在する」という見解を明らかにしています。こうした無意識下の差別はどこにでもあるのです。だからこそ、それを意識上に持ってこなければ、その問題の深刻さに気づけないでしょうし、解決もできません。日本でも現状のなにが問題なのかの理解がまずは進んでほしいと思っています。

塩田　たしかに、無意識下の差別をまず認識するというのは本当に大切なことです。とくになかなか人と話しにくい分野のことになると、男女の格差はまだまだ根強く残っています。たとえばお金。

アメリカでは、職探しのときに、白人男性は賃金や福利厚生などの待遇を徹底的に交渉するけれど、女性はもらったオファーにそのままサインをしてしまうことが多いです。とくに、今、学生を指導する立場になってから、そうしたことを感じる機会が増えました。

アメリカですら感じるのだから、日本ではさらに問題は大きいのでしょう。にもかかわらず、それを意識上に持って行く動きがないのはまずいですね。

賃金問題については一分たりとも放置していてはならないはずですが、日本で賃金の男女格差があることが大きな議論になりにくいのは、「お金の話はあまりしないほうがいい」といった教育も影響しているのではないでしょうか。

私は大学までほとんど日本で育ちましたが、お金に関する教育を受ける機会がすごく少なかったと記憶しています。中高は女子校だったこともあって、茶道や華道、お琴の授業は受けたけれど、金融関係の授業みたいなものはありませんでした。それどころか、「女性がお金について気にするのは上品なことではない」かのような雰囲気が漂っていましたね。

アメリカでも一世代前くらいまでは同様の傾向はあったらしく、それを改善するために、最近は大学で「Finance For Women（女性のためのファイナンス）」といったワークショップが開かれたりしています。私自身、そうしたワークショップに参加して、とてもいい勉強になったと思っています。

私もまだまだ勉強中ですが、日本でも学校や大学で女性にこのような教育の機会を提供するべきだと思います。経済や投資、交渉方法などについて学ぶことで、自信を持って有効にお金を使えるようになり、さらに自己肯定感を上げることに繋がると思います。

内田　これは私自身も感じていることです。ついつい相手に迷惑をかけたくないから、おごとにしたくないから、と与えられた条件や賃金のオファーを受け入れてしまうことが多いです。私の場合、やはりクオリティを保って、いいものを届けたいという思いはどんな仕事でも変わらないので、ほかの人以上に働いてしまうこともある。その結果、気づいたらプロジェクトの中核を背負ってしまっていて、ストレスも多く、時間もとられるので、家族との時間やほかの仕事への影響も出てくる……なんてことも。当初提示されていた仕事内容と、現状が違うから、ということで、アメリカではこういったときには再交渉して、自分の仕事量に対価が支払われるようにすることも一般的ですね。一般的とはいえやはり勇気がいることで、私自身もしり込みしてしまうことも多いです。

さらに、日本の場合は年々変わってきたとはいえ、終身雇用や「契約は変えられない」といった認識がまだまだ広く残っているところもあり、当初提示された業務内容とは違う状況でありながら、「合意したから」と同じ条件を呑まざるを得ないことも多いと聞きます。合意内容を超える仕事量を担うことを余儀なくされながら、「合意したから」と言われてしまうのは、なんともいえない一方的な状況ですよね。

こういった体験はもちろん男性でも経験されたことのある方はいるでしょう。しかし、データで見ると、賃金交渉で負の被害を受けるリスクが高いのは女性であるということが社会学、経営学、経済学の研究で記され続けているのです。こうしていわゆる「仕事ができる」女性が安く使われ続けてしまうのはとても残念だと思うのです。

男女の賃金格差是正について、アメリカではスポーツ界に大きな動きがありましたね。

アメリカの場合、女子サッカーのほうが男子サッカーよりも人気があります。ワールドカップもオリンピックも何度も優勝している強いチームで、試合のチケットやユニフォームの売り上げなどの興行収入も女子サッカーのほうが、男子サッカーよりも上回っているんです。それなのに、一試合のギャラは男子サッカーの四分の一しかないという状態がずっと続いていたのです。

それを是正しなければならないと、二〇一六年に選手たちが米国サッカー連盟に対して訴訟を起こし、二〇二二年に和解がなされました。

この訴訟は「イコールペイ訴訟」と呼ばれ、アメリカの女子サッカーチームが二〇一九年のワールドカップで優勝したとき、スタジアム中のアメリカ人ファンたちが男女交ざって「イコールペイ、イコールペイ」と応援コールしました。

その様子がニュースとして流され、ジェンダー賃金格差について、アメリカの中で真剣に議論されるきっかけになったのです。

ＢＰＷ（Business and Professional Women／働く女性たちによる国際ＮＧＯ）は、毎年「イコール・ペイ・デイ」を公表しています。イコール・ペイ・デイとは、男女が同じ年の一月一日に働き始めたと仮定したときに、その一二月三一日に男性が手にした賃金を、女性が手にできる日のことです。

当然のことながら、同じ年の一二月三一日であるべきですが、実際には翌年のあるときまで追加で働かないと、女性はそれを手にできません。たとえば、二〇二三年一月一日を基準としたイコール・ペイ・デイは、二〇二四年五月二日でした。

イコール・ペイ・デイが一二月三一日となる日は、仕事をしている女性だけが幸せになる日ではなく、男性も含めみんなが幸せになる日だと私は考えています。

第 2 章

馬からおりない

内田 舞

私の選択、私の人生、それを阻むもの

「私なりの幸せ」はどこにある？

幼い頃から私は、二つの確固たる願いを持って成長しました。一つは、病気の原因を追究し、より良い治療法を探し、患者さんの回復に貢献できる医師になること。もう一つは、幸せなパートナーシップを得て、愛のある家庭を築くことでした。

子どもの頃はその願いが叶うことを信じて疑っていませんでした。しかし、大学時代には、「私はパートナーを持つことはできないのかもしれない」という現実を知るようになりました。日本社会で男性から好かれる女性は男性よりも「弱い」「幼い」「賢くない」「可愛い」といった特徴が必要で、意見をはっきり言わずにはいられず、自分の能力を発揮したいと願う私にはあまりにも当てはまらないものだったからです。案の定、良い恋愛には恵まれず、「子どもがほしいのであれば、自分一人で子どもを作る選択肢も考えなければ」と、真剣に精子ドナーや人工授精について調べていました。

「弱い」「幼い」といった日本女性に求められている特徴が、キャリアを前進させることへのハードルになるということも認識しました。世間的に女性のリーダーシップが求められていない中、さらに圧倒的に男性がマジョリティを占める日本の医学界で、女性でありながら、気持ちよく興味ある分野を探求し、問題を指摘し、新しいものを開発する一助を担う自分の姿を想像できなかったのです。

大学生活が進むうちに「私の夢は日本では叶わないのかもしれない」と感じ始め、それは後に「確信」に変わり、自分なりの幸せを求めるのであれば、日本にいてはいけないと思うようになりました。

だからといって、日本の国としての素晴らしさが見えなくなったわけでもありません。また、日本と比べても、多くの問題を抱えているアメリカを礼賛したいわけでもありません。

日本文化では、お互いを思いやり、他人に迷惑をかけないことが美徳とされています。その影響で、衛生観念や安全面における公衆衛生は世界トップレベルに保たれています。「同調圧力」という言葉がネガティブに使われることも多いですが、「みんなでやるべきことをやる」という協力体制があるからこそ、決まった時間に電車は発車し、頼んだ荷物は届くのです。さらに、コロナ禍においては、すでに培われていた手洗いなどの衛生習慣に加え、マスクの着用やソーシャルディスタンスを意識した生活が広がりました。その結果、集団の中で個人の健康が守られ、日本のコロナ死亡率は世界的に見ても非常に低い水準を見せました。

しかし、どんなに優れた美徳であっても、その裏側にはネガティブな要素を含むことは否定できません。日本の思いやりと同調性の高さの裏には、空気を読まなければならない、周囲と似通った行動様式をとらなければならないというプレッシャーを生む一面があります。単一の人種が大多数を占める日本の中でも、実際にそこで暮らす一人ひとりは、似たように見えてもそれぞれ違う状況にあり、異なる考えを持っています。みんな、その人なりの幸せを求めて頑張っています。

私自身、そのうちの一人であるわけで、「私なりの幸せ」を考えたときに、「日本で求められている女性の型に私ははまることができない」「日本での『普通』の道で生きていたら、自分が描くキャリアは築けない」と、日本の「空気」に従わない行動が選択肢に入ってきたのです。そうして決断した渡米の選択は、私にとっては正解だったと思っています。

私がみなさんに、とくに日本の女性たちに伝えたいのは、ひとえに「あなたの好きなように生きていい」ということです。

もちろんそうは言ってもいろいろなしがらみがあって、好きに生きられないことに悩んでいる方もいらっしゃると思います。それはその通り。個人では解決できないような社会の制度や無意識の偏見、差別は存在します。痛いほどその状況がわかるからこそ、私はそれを可視化して、社会に働きかけることを、ライフワークの一つにしています。この章では、私自身の体験を通して、現代社会を生きる女性の一例としての現実を知ってもらい、社会の問題点に対する解決策を考えるヒント、そして応援の思いを届けられたらと願っています。

他人の諦める理由は、自分が諦める理由にはならない

私は学生時代に、WHOやアメリカのセントジュード小児研究病院などで海外実習をして、その経験を通して感じた思いを『朝日新聞』や『インターナショナル・ヘラルド・トリビューン』（現『ニューヨーク・タイムズ・インターナショナル・エディション』）、あるいは医学系の雑誌などに記事として出していました。テーマは、子どもに向けたイ

ンフォームドコンセント（医療者から患者への説明と同意）の在り方についてだったり、日本の自死率の高さについてだったり、医学と社会の結びつきに焦点を当てたものが多く、今の活動とも繋がっています。

そういった活動をしている私がたびたびかけられた言葉は、「学生時代は遊んでいてもいいんじゃないか」「今専門的な実習をしても、できないことが多いから、後からでもいいのではないか」というものでした。自分がキャリアをある程度築いた今振り返ると、そのアドバイスは紛れもなく正しく、私も学生には「今を楽しんでほしい」と心から思います。

しかし、当時の私の思いはどうだったのでしょうか？　私は学生時代、何かがしたくて仕方がなかったのです。自分のレベルには合っていないことでも、挑戦したい、そして学びたい、その体験から気づいたことに思いを馳せたい。それは焦燥感でも、競争心でもなく、単純に私自身の心から溢れ出る探求心で、止めることはできなかったのです。その探求心をふんだんに発揮させ、世界の医療現場を訪れた結果、日本の医学界における女性の地位に落胆していた私に「違う世界もある」と希望を与えてくれました。

だから、学生時代はとことん「今を楽しんでほしい」と思いますが、私にとってはこういった活動こそが「今を楽しむ」ものだったのでした。

私はアメリカの臨床医として働いた日本人の最年少記録を持っています。華々しい経歴に聞こえるかもしれませんが、その道は平坦ではなく、日本人最年少の臨床医になってからも泥にまみれるような厳しい日々の連続でした。

どんなに優秀な成績であっても、アメリカの臨床研修に、アメリカ国外の医学部を卒業した人がいきなり採用されることは、ほとんどないというのが現状です。誰もなし得なかった課題に挑戦してみようと考えていた医学生時代の私に、「無理だと思う」と現実的なアドバイスをくれた医学部の同級生や、「自分は〇〇という理由で諦めた」と語ってくれた先輩もいました。しかし、医学部時代、「日本を出なければ」と思った私は、採用される確率が低いことを知りながらも、挑戦しないという選択はどうしてもとれなかったのです。「日本で求められる女性像」は、「私がなりたい女性像」とはほど遠い。人生のさまざまな重要な決断や出会いが詰まっている二〇代前半から三〇代前半までの期間を、私は、私自身が自分らしく生きられる場所で過ごしたいと望んだのでした。そして、「他人の諦める理由は、自分が諦める理由にはならない」と、挑戦を決意しました。

そこで得たものが、私の判断を肯定してくれた

アメリカで医師になるためには、三つのステップがある米国医師国家試験に合格する必要があり、さらに研修プログラムに採用されなければなりません。私はアメリカの医学部生が約二〜三年で受けるすべての試験を四か月で受験し、無事合格したのですが、最後の試験が終わったその夜には、救急受診が必要なくらい体調を崩してしまいました。

その後、大量の書類を提出し、面接も通り抜け、無事イェール大学の研修医に採用されました。しかし、その研修医生活は、そこに行きつくための労力の何百倍もの努力を要するものでした。せっかく辿り着いたと思った研修医生活は、身体的にも、精神的にも、人生で一番つらい時期だったと言っても過言ではありません。

それでも、私は自分自身の選択に後悔することは一度もありませんでした。

研修医のオリエンテーション初日のこと。初めて会う同期の医師の一人に、とてもサバサバした素敵な女性がいました。サッカーとフィールドホッケーが趣味、ノーメイク、少しぼさぼさの髪で、話し方にも、日本で求められる「女性らしさ」はありま

せんでした。

そんな彼女がとても優しい男性と結婚して、幸せそうに生きていたのです。さらに「私は精神科医として、内科やプライマリケアとの連携に関わりたいと思っている」と明確なビジョンを語っていました。それを見た私は、「ここではいろんな女性の在り方が認められる。だから私も私らしく生きていい」と勇気をもらいました。

その後も、たくさんの人に出会い、たくさんの経験をしました。研修医二年目に出会った今の夫。女性がマジョリティだった同期の研修医の仲間。大変なスケジュールの制約がありながらも自分の思う方向にキャリアを築いていける自由。

人生で一番つらい時期だったけれど、そこで得たものが、私のこれまでの判断を肯定してくれたのでした。

アメリカンな危機を「日本人的な」真面目さで乗り越える

実はイェールでの研修医生活の中で、アカデミックハラスメントにあう経験をしました。

上司であった指導医の先生に、言いがかりをつけられ、偽の報告をされたり、医学英語がまだ拙い私が答えられないような質問を、私が理解できない用語でされ、答えられないでいると批判的なコメントをほかのスタッフの前でされたりといったものでした。この時期はとくに精神的に自分を保つのは大変で、毎日のように涙を流していました。指導医が広めた偽の印象を覆すのは容易ではなく、途方に暮れることもありました。しかし、当時イェール大学の医学生だった友人に「舞がイェールの研修医として続けられないことなんて、私は絶対に受け入れない。だからこの状況を舞が覆すしかない」と強い言葉をかけられ、同期の研修医にも助けられながら、とにかく研修医としての責任を果たし、自分の能力を知ってもらうために、コツコツと努力し続けました。

以前はアメリカでは派手なパフォーマンスが評価されるのではないかと勘違いしていたところがありましたが、実際、私をこの状況から救ったのは、何の変哲もない、コツコツとした地味な努力だったのです。今、私が指導医になってみると、派手な発言は目を引くけど、それ以上に敬意を感じるのは、しっかり責任を果たしている、知識を得る努力をしている、必要なときに必要な介入ができる人のほうだということがわかります。

アメリカンな危機において、「日本人的な」真面目さが評価された私は、最終的には良い成績で修了することができ、ハーバード大学医学部付属病院であるマサチューセッツ総合病院の小児精神科研修に進むことができました。

今度は絶対にアカデミックハラスメントを受けた時期と同じ思いはしたくないと、ハーバードの研修では批判される隙を与えないように、最初から全力でコツコツとした努力をしました。研修医としての臨床を何よりも大切にし、さらに論文執筆や研究費申請、学会発表などをやり続けたのです。その結果、同期の医師の誰よりも早くハーバード大学医学部の教員、マサチューセッツ総合病院の指導医としてオファーをもらうことができました。ここまでの人生はまさしく全力疾走でした。振り返ってみても、よくやったなぁと思います。

母親になる

妊娠しようと決意した二つのきっかけ

さて、ここまで全力疾走してきた私に大きな変化が訪れます。三二歳、ハーバードの教員、指導医になった二年目の終わりに、私は母親になったのです。ここからは、職場では全力疾走できなくなった母親としての経験を書かせてください。

自分の人生において、いつかは子どもがほしいと思っていましたが、実際に作ることには不安しかありませんでした。指導医になってからもそれまでの全力疾走を続け、臨床医としてたくさんの患者さんを診て、研究者として論文を出し、研究費を獲得。所属のマサチューセッツ総合病院の精神科内で、その年に最高の研究を発表した人に与えられる賞ももらいました。そんな充実の日々を過ごす中、今、子どもができたら、もう活躍できないのではないかと思い、子どもを作ることになかなか踏み切れずにいたのです。

不安がありながらも、私が妊娠しようと決意したきっかけは、二つありました。

一つは、同じように全力疾走をしてきた同期の女性医師が妊娠したこと。これほどキャリアを大切にしている彼女が妊娠できるのであれば、私も大丈夫かもしれないと思えたのでした。自分一人ではなく、前例を見られる、あるいは一緒に体験できる同僚がいるというのは、心強いものです。

さらに、もう一つが、とても悲しい話なのですが、友人が癌を患い、卵巣摘出を余儀なくされたことでした。

彼女は卵巣を摘出する前に採卵し、当時は付き合っていなかったけれど、信頼していた男性の精子を提供してもらい、受精卵（胚）を保存することができました（これは卵子よりも受精卵〈胚〉のほうが安定した凍結保存ができるという理由での選択だったそうです）。その数年後、癌治療が安定してから、彼女自身の子宮内にその受精卵（胚）を入れ、外的なホルモンの力も借りて、妊娠出産をすることができました。癌治療と生殖医療の発展に感動したストーリーでした。彼女のストーリーはハッピーエンドだったわけですが、最初に卵巣摘出の話を聞いたときには誰も彼女が妊娠出産できる未来を想像することはできませんでした。

「卵巣を摘出したら、私は自分の子どもを持てない。卵巣を摘出したくない」と泣く友人に、もう一人の友人が「どんな形であってもあなたが子どもを持つためには、あなたが生きていなければならない。卵巣を摘出することが、あなたが生きることに繋がる。あなたの命が、あなたの子どもを持つ可能性に繋がるんだから、生きるための手術を拒まないで」と言葉をかけたのを覚えています。

彼女の癌が発覚した頃と同時期に、親友と呼べる友人数人が不妊に苦しみ、つらい思いをしている姿も目にしていました。こんなにも不妊に苦しむカップルがいるなんて、そしてその過程がこんなにも時間と労力を費やすもので、精神的に追い詰められるものだなんて、私は医師でありながら、恥ずかしいことに、それまで全く知りませんでした。友人の体験を通してこの現実を学ばせてもらい、それからは不妊治療を経てお子さんを授かった方、あるいは養子を迎えた方、また最終的にお子さんを持たなかった方々に、心から尊敬の念を抱いています。

友人たちの経験に寄り添いながら「いつ何が起こるかわからないのが人生だから、後悔のない毎日を歩みたい」と考えさせられ、あれだけ頑張って渡米してきた理由が「総合的な幸せのため」だったことも思い出しました。

存在するかもわからない「子どもを持つにあたって、キャリアにおいて最適な時期」。たとえこれを待ったとしても、自分のコントロール外の理由で、子どもを持てない可能性もある。そう考えると、キャリアのスピードが落ちるリスクをとってでも、自分の描く幸せのためにできることは来年や数年後ではなく「今」挑戦したいと思い、妊娠にトライすることを決意したのでした。

「じゃあ、早く手続き進めなきゃね」という上司の言葉

私が現在センター長を務めるマサチューセッツ総合病院小児うつ病センターの前身となるセンターが設立される時期、またハーバード大学医学部のインストラクターからアシスタントプロフェッサーへの昇進にかかっているときに、私は長男を妊娠しました。

あと四か月で出産というとき、当時の上司に呼ばれ「センター長をやってくれないか」と言われました。その仕事はとても興味深いものだったのですが、私は「四か月もすると子どもが生まれ、そこから一二週間の産休に入るんです」と説明しました。「では、今回は難しいね」という話になるのかなと残念に思いました。

ところが、上司の返答は「じゃあ、早く手続き進めなきゃね」というものでした。

産休に入る前にセンター長になって、その状態で休んで、また戻ってきてくれればいいというのです。

アメリカには国が補償する産育休制度がなく、雇用主のリソースにより、産育休がとれるかどうかが決まります。私の病院は幸いアメリカの中では良いほうで、一二週間の産育休が与えられる仕組みになっていました。たったの一二週間だけであっても、仕事からは離れるのだから、センターの計画を進める上でペースダウンが余儀なくされる部分もあるはずです。それはセンター開設において理想的ではないのではないかと当時は考えていました。それでも、上司は私がリーダーになるのがセンターのためであると考えてくれたことがとても嬉しく、その後の大変な時期を乗り切る原動力ともなりました。

この上司は七〇代の白人男性です。高齢といわれる年齢の男性であっても、こういった言葉が自然に出てくる職場環境は、私の前の世代でも多くの女性が子どもを産み、戻ってきて、その後も病院や分野全体に貢献する仕事をしてきたその積み重ねによって築かれたものだと思います。「子どもがいながら働くことが普通」という環境のありがたさを身をもって体験した思い出です。

しかし、当時は驚き、感動した上司の言葉でも、自分が人を採用したり、昇進を審査する立場になった今、このエピソードを振り返ると「当たり前」だと感じます。長く続いてほしいセンターの開設時に、センター長にふさわしい人材がいたのならば、その人の一二週間の一時休止なんて、業務上も、個人のキャリアにおいても、なにも長期的な影響はないと言い切れます。むしろたったの一二週間の一時停止のために、長く続くポジションを違う人に譲ってしまうほうがずっとリスクがあると感じるのです。

そんな当たり前の人選にまで感動してしまうというのは、それまで私が無意識のうちに身につけてしまった偏見のパワフルさを実感させられます。

母親業に比べたら自分の仕事はパラダイス

一二週間の産育休後、初めて保育園に子どもを預けて職場に戻ったときには、まだ産後の体力的なリカバリーの最中だったこともあり、身体的には大変だったのですが、まるでパラダイスにおり立った気分でした。それまでの数か月間で、母親という仕事は予想をはるかに超えて時間と体力と精神力を使うものだという大発見をしてきたからです。

今までの「仕事」と「子育て」とで大きく違ったのが、自分のコントロールが利くか、利かないかということ。すべては、子どもという他人のニーズに対応したタスクであって、私が計画できる部分などほとんどなかったのです。そして、終わりがない。さらに、食べさせる、オムツを替える、着替えさせる、といったタスクの中で「やらなくてもいい」、あるいは「明日でいい」と延期できるものもありません。やっとできたルーティンも子どもの成長と共に、乳児の場合は、数日単位で変わるし、身体的不調や障害なども親のコントロール外のこと。

「働く親」とは、一般的に賃金の発生する仕事をしながら育児をしている人のことをさす言葉です。「でも、一番働いているのは家で家事育児を担っている親じゃないか！」と、そのことに、自分自身がこの状況を経験しなかったら気づけなかったかもしれません。

それに比べると自分の仕事なんて、（もちろん大変な側面も多いのですが）なんてラクなものだろうと思えるようにもなりました。また、職場において、患者さんに感謝されたり、短時間であっても大人同士の会話を楽しめたりすることに、精神的に救われました。

実際に子どもを持つまでは、産育休というのは長ければ長いほどいいと思っていたところがあり、アメリカの場合は一二週間ですら感謝しなければならない現状に不満を持っていました。しかし、実際に新生児期の育児のカオスを経験してみると、私個人としては、早めに仕事に戻ることで、精神的に救われたのでした。

国として補償される産育休は長いほうがいいとは思うのですが、そこで与えられた期間をどのように使うかは個人の選択であってもいいのではないかと思います。私のように早めに戻りたいという人もいれば、一年育児をしたい、あるいは自分の身体の回復に専念したいという人もいるかもしれない。あるいは幼児期は保育園を利用して働きたいけれど、子どもが小学生になったら少し義務を減らしたい、など、男女共に個々の状況に合わせて対応できる制度が日本にもアメリカにもできてほしいと願っています。

エンドレスな育児、下がるプロダクティビティ

仕事に戻ったことがパラダイスだったと書きましたが、パラダイスはすぐに終わりました。「保育園デビューからの最初の一年の子どもは風邪をひき続ける」という次の関門がやってきたからです。

保育園からは帰され、私、または夫は、仕事の途中であっても、保育園に子どもを迎えに行かなければならない。さらには親に風邪がうつり、私たちまでダウン。長男が保育園に行き出してから次の春までの期間、こんなにも風邪をひき続けていた時期は私の人生の中にはありませんでした。自分がダウンしているときに、風邪をひいている子どもの世話をしなければならないことの大変さ。どんなに自分の体調が悪くても母親としての休暇はない。そのつらさは、経験するまで理解できていませんでした。

新生児の育児と比べると、職場での仕事がラクだというのは変わらなかったのですが、こんな生活で、それまでのペースでは全く仕事ができなくなってしまいました。今まではどんなに遅くまで職場にいても良かったのに、子どもができたら保育園のお迎えに間に合うように急いで職場を出なければならない。今までは家に帰ってからも夕方や夜に仕事ができていたのに、子どもはその時間にこそ、夕飯、お風呂、ベッドタイムと親を必要とし、しかも長男はなかなか夜通し寝てくれなかったので、夜も休まる時間はありませんでした。さらに、今までは数日間無理をしても、その後少し休む時間を設けることができたのですが、育児には「今日は夜遅くまで頑張ったから明日の朝は遅めスタート」などという選択肢はなく、だから仕事において無理ができない。

私も、みなさんと全く同様。子どもはとても可愛いけれど、子育てによってキャリアに影響が出ることに、葛藤がなかったと言ったら嘘になります。

私を救ったメンターの言葉

私の仕事には大きく二つあって、一つは臨床医として患者さんを診ることです。

子育てで最も大変なときはそれも休まざるを得ないけれど、保育園に行ってくれさえすれば診察は普通にできます。目の前にいる患者さんとの対話によって、治療方針を決めていくので、私にとっては産休後もすぐに前の感覚に戻れたと思えましたし、患者さんの回復を見たり、直接感謝されたりすることもあり、達成感も得られます。

ただ、もう一つの仕事である研究は、そうはいきません。

研究には、長期的にコツコツ積み重ね、研究の構想や結果の解釈についてじっくり向き合う時間が必要です。短期集中型でその場その場で問題を解決していくだけでは成果が出せません。そうした研究については、子どもを育てることでかなりスローダウンしてしまいました。

それまでの私は、さまざまな研究にかなり速いペースで取り組み、数か月に一本の論文を仕上げていました。バンバン論文を書いていたのに、そしてすぐにでも書きたいテーマが目の前にあるのに、取りかかるまでに一か月も要するような状況に陥ってしまったのはショックで、「どうしよう」と焦燥感も感じました。

そんな私を救ってくれたのが、白人男性のメンターです。センター長に指名してくれた上司と同様、七〇代の男性でした。二〇二三年に亡くなりましたが、今も私の心の支えとなっています。

長男を出産後、とくに研究分野で仕事のペースが落ちてしまったことを申し訳なく思っていた私に対し、彼はこう諭しました。

「なにを言っているんだ。子どもが生まれたら、家族を第一に考えるのが当たり前で、これは我々の部署のモットーだ」と。

そして、「大事なのは馬からおりないことだ」と教えてくれました。

スローペースでもいいから進んでいれば蓄積されるものがあるし、いずれなにかに辿り着いて形になる。進んでさえいれば、どこかでスピードアップできる局面も訪れる。だから、どんなペースでも進んでさえいればいい。

でも、完全に止まって馬からおりてしまうと、再び「よっこらしょ」とのるのは大変だ。「もう研究やめた」と馬からおりてしまわずに、ゆっくりでいいから進み続けなさいと教えてくれたのです。

今まで全力疾走しかしたことがなかった私には、目を開かされる言葉でした。

その後の私は、まさに「馬からおりない」ことを優先し、ペースにはこだわらずに仕事をしてきています。

プロダクティビティとして大切なことはしっかりやるけれど、そこにプライオリティを持ってこなしていく。すべてはできないときもあるけれど、追いつけるときもある。そうしたフレキシビリティがある働き方ができるようになったのは、彼の教えのおかげなのです。

肩書きを捨ててもいい？

私がどのような働き方をしたいかを考えるときに、もう一つ、印象深い経験がありました。

私がハーバード大学医学部付属病院であるマサチューセッツ総合病院で研修医として働いていた際に、院内の大きな部署のチーフになった女性医師がいました。彼女は素晴らしい臨床医で、専門分野において教わったことはたくさんあります。彼女には小中学生の三人の子どもがいたのですが、子どもたちのサッカーの試合や習い事のために、毎日午後二時には病院を出て、その後の仕事の対応は電話でしていました。私も研修医として質問があるときには彼女に電話をかけていましたが、そんなときは子どものスポーツの試合のような音が背景に聞こえる中、いつも丁寧に答えてくれました。

そんな彼女があるときに部署のチーフのポジションからおりるアナウンスメントをしたのでした。「この部署を任されることに誇りを感じるが、今、自分の優先順位としては、子どもたちともっと時間を過ごしたい。今、子どもたちは習い事や学校のことで、いろんな経験をしているが、その経験を親として一緒にできる時間は限られている。だから、その時間を逃したくない」と言い、彼女はチーフのポジションから退きました。

そのアナウンスメントを聞き、当時七〇歳くらいだったであろう男性医師は、「ハーバード、そして世界一の病院とランクされているマサチューセッツ総合病院という、『肩書き』や『ポジション』というものを重視する環境、アカデミックな昇進に価値を感じる環境の中で、こういった決断をした勇気を賞賛したい」と彼女を称えました

（ちなみに、私をセンター長に指名してくれた上司、今でも心を支えてくれているメンター、そしてこの医師も、たまたま七〇代くらいの男性ですが、すべて違うタイミングに出会った別の人です）。

私は彼女の生き方からも多くを学びました。どんなに昇進に価値が置かれた環境の中でも、自分にとって大切なことを優先してもいい。当たり前のようで、それは全力疾走ばかりしてきた当時の私には斬新だったのです。

この限られた時間の中でタスクを終わらせる！

現在、我が家は放課後の息子たちの習い事にはたいてい私か夫が同伴し、子どもたちがレッスンなどを受けている横で、私たちはパソコンを広げて仕事をしています。じっくり考える仕事はなかなかできないけれど、「この限られたレッスン時間の中で終わらせる！」と良いプレッシャーの中で次から次にタスクをこなしていける時間でもあって、私は嫌いではありません。

アメリカは公共交通機関が発達しておらず、よほどの都会ではない限り、どこに行くにも自家用車で移動するしかない。だから、自分で運転ができない子どもの送迎に関しては、誰かがしなければならないのが現実なのです。パソコンがあれば仕事ができるといっても、キャリアのことだけを考えたら、子どもの習い事の送り迎えなど、誰かにやってもらえるのであれば、やってもらったほうがいいというのは自明です。しかし、どうして私がそうしないかというと、習い事に向かう車の中で子どもたちが話す、学校のこと、最近興味を持ったこと、面白かったエピソード、考えていることを聞くのがたまらなく楽しいからなのです。今よりも小さかった頃は、とにかく「世話をする対象」だった子どもたちが、今は会話の中で私にはない視点を見せてくれる。そんな子どもの発言にはっとさせられ、そこに見える小さな成長に感動することが、私にとってはなにものにも代えがたい体験なのです。

こうして私が現在、小学生と幼稚園児の息子たちと多くの経験を共有することを、今の段階で優先できているのは、チーフを退くという勇気のある選択をした女性医師の前例を見ることができたからだと思います。

なんだかんだとやっているうちにキャリアができあがった！

このように、私の周りにはたくさんの女性、男性の医師がいて、彼らから人生の選択肢は多様であることを学んでいます。

私の現在の直属のボスの一人も三児の母であり、小児気分障害の分野で世界的権威を持つ研究者であり、臨床医としても活躍する女性です。前述した「馬からおりないこと」を教えてくれた同じメンターに育てられた、私よりも一世代上の女性で、二〇二三年にメンターが亡くなった際には、彼女が私たちの部署のチーフに就任しました。彼女も、キャリアを築く中で、テンポはアップダウンしたと語ります。

母親として働く点で意識してきたことを聞くと、「後から考えるとそうしていたかなと思うことはいろいろあるんだけど、子育てしている最中は必死でなにを考えているのか整理できなかった……」と言います。研究費がとれないこともあったし、うまくいかないことも多かったけど、なんだかんだとやっているうちに、チーフのポジションに指名されるだけのキャリアができあがっていたそうなのです。

私は臨床や研究においても彼女のアドバイスを仰ぐことがあるのですが、彼女のアドバイスの特徴は、私の質問に必ず答える、すぐに実行できるサジェスチョン（提言）がある、そして現実的であり、正直なことを語ってくれる、というところです。彼女がそういった現実に役立つアドバイスができる背景には、母親として働いてきた経験があるからなのではないかと思うのです。

そんな上司のキャリアを見ながら、紆余曲折する自分のキャリアに悩むことがあっても、私も馬からおりなければなんとかなるんじゃないかと希望を持たせてもらっています。前のエピソードでは、母親であるためにチーフの肩書きから退いた素敵な指導医から学んだことをお話ししましたが、馬からおりずに、長い目でチーフのようなポジションを目指してもいいと思わせてくれるのがこの女性医師です。

日本社会に蔓延る固定観念

責任を誰もが果たせるようにするためにはどうしたらいいか

以前、日本のとある医学部の大学教授の男性と話す機会があったとき、「女性は当直させられないから、なかなか雇えないんだよね」と言われ、ひどく驚いた記憶があります。ここまで書いてきたように、全力疾走だった研修医時代には男女などの属性関係なく、当直を担当してきましたし、その後、母親としての働き方を模索する中でさまざまなサポートとアドバイスをもらってきた私の経験からは、想像できない言葉でした。また、ここまでに七〇代の白人男性医師の上司を三人紹介しましたが、彼らが異例なのではなく、私のキャリアをガイドしてくれた上の世代の医師には男性も女性もほかにたくさんいました。

今の日本はどういう状況なのかつぶさにはわかりませんが、女性に当直をやらせない病院はあるのかもしれません。

私はイェールとハーバードで研修医生活を送りましたが、同期の半分以上が女性でした。その女性が当直しないなんていうことは最初からあり得ないし、男性でも女性でも同じ義務と責任が与えられていました。

そして、「その義務と責任をみんなが果たせるようにするためにはどうしたらいいか」について、いろいろ意見を出し合っていました。

イェールでの同期の研修医には、交通事故に遭って車椅子生活を余儀なくされている女性がいました。彼女は三児の母でもありました。

このときにも、彼女の義務を減らすのではなく、どうすれば彼女が研修医としての責任を果たしていけるか、そのためにはどういうシステムが必要かについて、多くの話し合いが持たれました。

その具体策は、決してたいそうなものではありません。たとえば、全員で集まる必要がある際はできる限り彼女がいる場所にほかの人が集まる、病院間で移動が必要な際は必ず車椅子対応のシャトルバスを用意する、といったものです。

こうしたこともせず、「車椅子では大変だろうから当直はさせないように」「当直をさせられないから研修医として採用しない」という結論を出してしまうのは、彼女の教育を受ける機会や権利を奪うだけでなく、ほかの人の義務も増やしてしまう、そして有能な人材を失う結果に行きつく、間違った決めつけでしょう。

また、同期の三人の研修医が同時に妊娠したこともありました。そのときも彼女たちが、研修医としての義務と責任を果たせるように工夫され、それぞれ当直のスケジュールを自分ができると思う時期に移すことから始まりました。うち一人が入院することになったときには、その期間はバックアップに指定されていたほかの研修医がそれぞれの日を担当しました。また、一人は少し長めに産休が必要になったので、研修期間が少し延長され、彼女は研修医としての修了が私たちよりも三か月遅くなりました。それぞれの方法で研修義務をこなし、今もみな精神科医として活躍しています。その時期はどうしても研修医だけでは当直を回せないというときもあったのですが、その問題を解決するために、指導医がアルバイトの形で、給与をもらって当直するシステムが作られました。指導医として当直をするかどうかは、個人の選択です。給与をもらえるからと、複数の日数をやりたいという人もいれば、疲れるから、子どもがいて夜は家にいないといけないから、という理由でやらない選択をする人もいました。

そういった個人の選択はさまざまであっても良いけれど、「女性だからこの義務と責任は与えられない。だから女性は雇えない」と決めつけてしまうことは、どんな職場においてもあってはならないはずです。それによって失われるのは女性の権利だけでなく、その分当直をしなければならない男性も、ひいては社会も失うものが大きいのです。

この不条理感はなに？

私が教鞭を執っているハーバード大学医学部の場合、入学者の約六割近く、学年によっては六割以上が女性です。一方、私が日本で学んでいた頃の北海道大学医学部は、同学年一〇〇名のうち、女性はわずか一五名でした。

医学部に入ったのだから、当然、女性もみんな医師を目指しているわけです。ところが、そんな私たちにかけられたのが「女性は医師には向かない」といったネガティブな言葉でした。

「医師は力仕事だから女性には難しい」とか、「本気で医師を目指すなら家庭を持つことは諦めたほうがいい」などということを、同級生の男子学生が平気で口にし、ときには先輩の女性医師までもがそういう姿を見せることもありました。

今の私ならば、そんなおかしな言い分は完全に否定する自信があります。最大の力仕事は医師が力仕事だというなら、看護師も力仕事です。もっというなら、医師という仕事は家事・育児です。それらの多くを女性が担っている現状があるのに、医師という仕事をこなせないはずがありません。体力云々《うんぬん》で役割分担を決めていくならば、男性こそもっと家事・育児に関わらなければならないはずです。

また、医師になるために家庭を持つことを諦めねばならないのなら、それが女性だけにのしかかるのはおかしな話です。女性の医師も男性の医師もいて、同様に家庭を持つこともあるのに、どうして女性だけが「諦めなければならない」のでしょうか。

このように、社会、あるいは業界内に蔓延した無意識の偏見がさまざまな発言や待遇に表れることは日常茶飯事で、私たち女子学生が不当な扱いを受けていたわけですが、当時は、その不条理感をどう解決していけばいいのかわかりませんでした。

そういう状況にあって、医学部の四年生になった頃には、自分の総合的な幸せのために日本ではないところで仕事をしようと決意していました。

もやもやの正体

私を育ててくれた両親は、古典的なジェンダー観の持ち主ではありません。

分子生物学者の父は毎朝、私の朝ご飯とお昼のお弁当を作ってくれました。そのお弁当はクラスメイトから賞賛され、私も自慢に思っていましたが、それを父に伝えると「もしママが作っていたら、同じように賞賛されることはない」と言われ、はっとしました。

医師である母は、進歩的な考えを持つ一方で、料理も手芸も上手です。そんな母を見た友人たちに「お医者さんというから、もっとキャリアウーマンふうだと思っていたのに、可愛くてびっくりした」と言われることがありました。これを聞いた父が「家庭的で可愛い母親と、専門性を持って働く女性は、人々の意識の中で両立しないってことだね」とひと言。その言葉にまた私ははっとさせられ、日本社会に蔓延《はびこ》る、「働く母親とは」という固定観念がいかに強く我々の考え方に影響しているのかに気づかされました。大人になるまで日本を出たこともなかった両親がどうしてジェンダーの役割分担などにあまりとらわれずに、お互いを愛し合う夫婦になれたのかは、私にもよくわかりません。しかし、こうして古い固定観念の矛盾を的確に指摘する両親のもと、さらに日本、アメリカ、スイスで複数の国の常識に触れながら育った私は、成長するにしたがって、自分の感覚とは異なる「日本の中にあるなにか」にもやもやするようになりました。

両親との3ショット。ジェンダーの固定観念にとらわれない生き方をしてきた両親を見て育つことができて感謝しています。

その典型的な例が、第1章でもお話しした『ドラえもん』に登場するしずかちゃんの描かれ方です。思いやりや冒険心を描くドラえもん自体はとても素晴らしい作品だと思うのですが、しずかちゃんは、頭が良く、人付き合いも得意で、さまざまな能力がありながら、リーダーシップは発揮せず、男の子たちを見守り応援する立場にいつもいることに、私はなんともいえぬ違和感を抱きました。

ただ、そうして考えてみると、例外はあるにしても、テレビドラマやバラエティー番組、ニュース番組でさえもしずかちゃん的な女性が多く登場しています。それらは、日本社会で女性に求められている像が投影されたものであると気づいたとき、私の中のもやもやの正体がはっきりしたのでした。

日本全体に浸透した「女性としてのあるべき姿」の刷り込みに疑問すら抱けないような環境で、私が医学部で経験したようなことも男子学生は女子学生に対して自分たちがどれだけひどい差別を行っているかにすら気づけなかったのだと思います。女子学生においても、もやもやを言語化できない中で、差別を受け入れていたところがあるのでしょう。

「自分の名字を変えるつもりはない」への反応

俗での体験を武勇伝のように語るのです。

「女性は医師になるべきではない」という言葉以外にも、医学部男子学生がいかに他大の女子学生にモテるかということを聞かされるというのもよくありました。複数の女性と関係を持っていることを自慢したり、あるいは飲み会の二次会などで行った風俗での体験を武勇伝のように語るのです。

あるとき私が「自分の名字を変えるつもりはない」という話をすると、「え!? 結婚するときに『どっちの名字にする?』とか話すの!? うわぁ、絶対に嫌だ!」と笑われたこともありました。こういった会話を通して、自分たちの特権にも気づけずに、女性の尊厳を蔑《ないがし》ろにしている男子学生に嫌悪感を抱き、こういった会話や行動を「普通」とみなす日本の医学界に私の居場所はないということを実感しました。

私は選択的夫婦別姓が法制化されるまでは日本の婚姻届は出すつもりはありませんでした。しかし、長男が生まれた際、日本で出生届を出そうと領事館に行くと、「出生届の前に婚姻届を出す必要がある」と言われ、このときに初めて日本でも国際結婚であれば別姓にできる法律があることを知りました。だから、我が家はアメリカでも日本でも夫婦別姓です。法務省によると、把握している限り、夫婦の同姓が義務化されているのは日本だけであり、国連の女性差別撤廃委員会からも選択的夫婦別姓の導入が勧告されています。それにもかかわらず、未だに「国民の理解を得てから」「慎重に」と議論も進まない。厚生労働省が行った二〇二三年の調査では、夫の名字を選択した夫婦の割合は九四・五％です。同姓を強いられることでの不便やキャリアへの影響は確かに存在し、いつまでもつきまとうものですが、日本の場合はこの経験をしている人の九割以上が女性というのが現実です。第1章で「マイノリティの痛みは理解されにくい」という研究結果を紹介しましたが、まさに、日本において、女性の苦しみは放っておかれがちであることが、ここにも象徴されています。

同姓の義務があっても、もし日本の男女の権利が同等であれば、名字を変えるのは、男女が半々になるはずです。しかし、現実には、変える不便を強いられるのは九四・五％が女性。九四・五％対五・五％という数字に男女不平等がいかに強く日本社会に内在しているかが表れています。

ところで、日本の届出を記入する中でさまざまなことを考えさせられました。アメリカで子どもが生まれた際に提出する書類は「親」という欄に名前を書くものであって、親の婚姻は必要ありません。親が一人であろうと、二人であろうと、また親の性別が男女であろうと同性であろうと届け出ることができました。でも、日本の出生届においては、子どもの名前の次に「嫡出子」か「非嫡出子」を選ぶ構成、親の欄は「父親」「母親」の男女と特定されており、なんとも違和感を覚えました。同性カップルやシングルマザーやシングルファザーが子どもを持つときに、この届出をどのような気持ちで記入するのかと考え、胸が痛みます。女性の権利同様、ＬＧＢＴＱ＋の方々の権利の前進は必須です。そして古い固定観念に当てはまらない家庭であっても生きやすい社会を実現するために、必要な変化を国民全員で考えていく必要があると、私は強く思っています。

夫婦で支え合うとは？

子どもを育てながらキャリアを築けている理由

　ここまで、育児と職場でのやりくりを綴ってきましたが、私が子どもを三人育てながら、キャリアを築けている最大の要因は夫にあると思っています。そして、夫の話に入る前に、シングルペアレントのみなさまは本当にすごい！　と敬意を伝えさせてください。

　研修医時代に知り合った夫は、当時イェール大学音楽院の博士課程に在籍するチェリストでした。私がイェール大学病院の研修医になると聞いたアメリカ人の多くに言われたのが、「イェールは音楽学校が有名だけど、学生のコンサートは超ハイレベルなのに、無料で聴けるんだよ！」ということ。『のだめカンタービレ』が大好きだった私は、その言葉に心躍り、毎週のようにあったイェール大学音楽院の学生たちのコンサートに通うようになりました。そこで知り合ったチェリストに憧れを抱き、彼が学内のスーパーのようなお店に入っていくところを見かけたときには、私はついつい後を追って入ってしまいました。しかし後をついてきたもののどのように話しかけたらいいのだろうかと悩んでいると、気づかずに落としてしまった手袋を彼が拾ってくれ、向こうから話しかけてくれたという、私にとっては奇跡的な出来事が私たちの出会いでした。

そんな『のだめカンタービレ』のような出会いから、まさか幸せな結婚生活が生まれるとは想像していなかったのですが、付き合い始めてから一四年経った今もなお、夫は私にとって最高のパートナーだと思っています。

しかし、そんな最高のパートナーでも、子どもを持ってからの数年間はさまざまなアジャスト（調整）が必要でした。

最初に言っておきたいこととして、夫は私の人としての幸せを心から望んでくれるパートナーです。イェール時代に、夫が「舞がやろうとしていることはハーバードのほうが合っているのではないか」と言ってくれ、一緒にボストン移住を提案してくれなかったら、今の私のキャリアはなかったかもしれない。私以上に私の能力を信じてくれ、私の成功を祝ってくれる人、そんな夫と出会えて本当に良かったと思います。

結婚式。イェールの研修医二年目に出会った夫は、人生で一番つらい時期だった研修医時代から、今日まで私を支えてくれている大切なパートナーです。

夫は、私よりはるかに家事が上手で、買い物、料理や掃除などの家のことはほとんど夫がやってくれています。また、超難産だった長男の出産後、私は歩くこともままならない身体状態だったこともあり、授乳以外のすべての息子のケアは、げっぷからオムツ替え、お風呂、着替えなどすべて夫が担当しました。子どもと遊ぶのも大得意で、息子たちも夫のことが大好きです。長男と次男が小さかった頃はじゃんけんで勝ったほうが「ダディ」の自転車の後ろに乗ると決めていたときもありました（今はママもダディも大好きなようで、じゃんけんはありません。笑）。このように、夫は「イクメン」などという流行語で表せないほど、本当に育児をしている男性です。

しかし、長男が生まれた頃の夫の働き方は、一年の半分以上、演奏ツアーや、さまざまな音楽大学でのマスタークラス（第一線で活躍する演奏家が直接指導をする公開レッスン）などのために、国内外の遠征をしていました。さらに家から通える場所であっても、音楽会というのは夜と週末。そんな仕事形態でも子どもがいない時期はなにも気になることもなく過ごしていたのが、子どもができてからは一転しました。

人間的な時間に寝て、起きたい

赤ちゃんだった頃の長男は、あまり寝ない子で、夜は三時間ごとに起き、毎朝四時台にはしっかり起床しているタイプでした。夫がいない夜が多い中、私は「人間的な時間に寝て、起きたい……。この生活はいつまで続くんだろう」と嘆いていました。

泊まりでなくとも、夜や週末に夫がいないということは、親が一番活躍する、保育園がない時間に私がいわゆるワンオペ状態。お友達の誕生日会や公園に連れていったり、怪我をしたら手当して、「帰りたくない」とぐずるのを「もう帰る時間だよ」と説得し、うまくいかないことがあったら一緒に問題解決し、「あれがしたい」という挑戦を助けたり、次の予定に間に合うように計画的に声かけしたり……。こんな傍《はた》から見たら微笑《ほほえ》ましく見える姿であっても、実は親の頭の中はフル回転で頑張っていて、子どもとの交流には幸せを感じるのだけれど、とにかく疲れるもの。週末は時計を見ながら、夫が帰ってくるまでの時間を計算していました。平日の夜は、自分の仕事を終えてから、保育園からのピックアップ、食事にお風呂、ベッドタイムと現実的なタスクが多く、息切れする毎日でした。しかし、どんなに大変でも育児は「やらない」という選択肢がないのです。夫がいないのであれば、私がやるしかないのです。

育児をしているときに誰かに一緒にいてほしい

こんな状況でお手伝いさんやナニーさんなどを雇う選択をとる家族もいるでしょう。しかし、誰かを雇う際に最低賃金が高く設定されているマサチューセッツ州の相場では、我が家がそのようなサポートを長期的に頼むのには経済的に難しい状況でした。しかし、私が当時感じていたのは、「育児のタスクを誰かにやってほしい」という希望以上に（その希望もありましたが）、「育児をしているときに誰かに一緒にいてほしい」という思いだったのです。タスクの多さや寝不足も実質的に大変で助けがほしいけれど、それ以上にその経験を共有する相手がいない「孤独」がつらかったのです。

こういった思いを伝えるのはなかなか難しいものですが、夫のいいところは、衝突することがあったとしても、私の思いを受け止めてくれるところなのかもしれません。

当時私が夫に伝えたのは「あなたのキャリアはあなたが満足するものであってほしい。でも、これからはあなたが受ける仕事は、私と子どもを置いて行くに値する価値があるかをよく吟味して選んでほしい」といったものでした。すぐに理解されるとは思っていなかったのですが、夫はその日のうちに次の年の仕事の予定をいくつか断り、意図的に家から通える距離での仕事を探し出しました。

家事育児の負担が傾くと、どんなに相手を思っていても不満が募る

自分のキャリアのために、あるいは生活のためにはどうしても仕事の取捨選択ができないという人もいるでしょうし、違う解決策を考えるカップルもいるでしょう。もちろん、それはカップルで話し合った上でお互いに納得できるものであれば、それでいいと思います。人生というのは、こうやってさまざまな要素を考え合わせた上で、自分なりの優先順位を付けて、その場で模索できる最良の判断を繰り返すことなのだと思うのです。私と夫も、これで終わりというものはなく、子どもの成長やキャリアが進むにつれて、さまざまな選択をしてきました。

どうしても頑張りたいプロジェクトがあったときには、家族のことは夫に任せて、私は仕事に邁進させてもらったこともありましたし、逆もしかり。どんなにローカルな仕事であっても、コンサートは夜と週末という現状は変わらないので、やはり育児

の負担は未だに私のほうが多いです。だからこそ、相手の負担をできる限り軽減するようにと、夫は海外にツアーに行くときには、一週間分の子どものお弁当と夕飯を作り置きして行ってくれますし、逆に私が忙しくなるときには、その前に子どもの服を洗濯して整頓しておいたりと努力しています。それでもやはりどちらかに家事育児の負担が傾くと、どんなに相手を思っていても、不満が募るもので、それが長く続くとたいてい私も夫も爆発します。そんなときこそお互いへの感謝を伝えるようにも意識しています。

ちょうどこの本のここの部分を書いている今、三男の保育園がお休みの日が多い時期と重なり、さらに夫は重要なコンサートが続いており、夜と週末は私一人が子どもたちを見ている状態。先日、急いでいたのに、ちょっとしたハプニングによって予定通りの時間に家を出られず、息子たちに向けて怒りを爆発させてしまいました。

子どもたちに負の感情を向けてしまうのは、必ずと言っていいほど、一人で育児をしているときです。少し時間が経ってから「今ママがイライラしているのはあなたたちのせいじゃないし、ママの機嫌をとることはあなたたちの責任ではない」と、怒鳴ってしまったことについて息子たちに謝りました。そして、子どもたちの予定を親一人で管理して、全員がやらなければならないことをしっかりできるように計画を立てることの大変さについても説明しました。すると息子たちも「ママがいろんなことをやってくれてるのはわかってるよ」と言ってくれ、その言葉にも感謝しました。

そんなことがあった日の翌朝。朝ご飯やお弁当の準備をして子どもたちを学校に送り出してくれた夫に、私から「ありがとう」と言うと、「いや、僕がいない間、子どもたちの世話をしてくれてありがとう。すごく大変だっていうこと、わかってる。忙しい時期が続いてごめん」という言葉が返ってきて、少し気持ちがスッキリしました。

もちろんどちらかに負担が傾いてしまわないように調整できることが一番望ましいでしょう。でも、こんなときに「努力が理解されている」と感じることの力は大きいですし、こうやって感謝し合うのは、私たち夫婦というチームには絶対に必要だなと再確認しました。

夜泣きとスリープトレーニング

余談ですが、息子の睡眠について、かかりつけの小児科医の勧めで、スリープトレーニングをしてみると、状況は大きく改善しました。そのとき小児科医が「赤ちゃんは自分で自分を落ち着かせる力を持っているから、その力を信じて、練習させてあげるといい。あくまでも『安全が確保された中で』だけど、すべての夜泣きには反応しないでいい」と言ってくれたことで、恐る恐るスリープトレーニングを始めてみたのです。すると、それまで毎晩三時間ごとに起きていた息子が、たったの三日間で、寝かしつけの必要がなくなり、一人で夜通し寝るようになったのでした。

ベネフィット（恩恵）は息子だけでなく、私たち夫婦に一番見られた気がします。長期にわたる睡眠不足がやっと改善されたことで、人間的な頭を取り戻したこと。さらに寝かしつけの必要がなくなったことで、夫婦として会話をする時間ができたことは、なくてはならないものだった気がします。

その後、次男、三男もできる限り早くスリープトレーニングをして、基本は「おやすみ」とドアを閉めるだけで子どもたちは勝手に寝てくれます。やはり寝かしつけの必要がないというのは、未だに私の精神状態を守る効果を発揮してくれていると感じます。

子どもたちが成長するにつれてルーティンが少し崩れても大丈夫になってきたので、週末や旅行中は一緒に家族みんなで寝ることもあったり、寝る前にゆっくり子どもが最近考えていることについて会話をする日もあったりとバリエーションも増えてきました。

以前、心理カウンセラーのカウンセリングを受けた友人が、こんなことを言っていました。「子どもがいたら寝られないのが普通だと思っていた。母親は子どもとずっと一緒にいて、ほかにやりたいことはできないのが普通だと思っていた。それで精神的にクタクタになっても、それが母親になることだと思っていた。でも、カウンセリングを受けて、『子どもがいたら母親は苦しむもので、耐えるしかない』と思わされていたこと自体が問題だということに気づいた」と。その言葉が私にも響きました。

「母親は苦しむものだから」という考えが浸透している中で、個人としても社会としても、真剣に解決策の模索をしていないところがあるのではないかと思うのです。母親になるまでにも、生理痛、悪阻、陣痛に耐えるしかないという考えは未だに蔓延しており、実は、「解決」とまではいかなくても、生理痛や悪阻を少し軽くする薬があることもあまり知られていません。さらに、先進国では一般的な鎮痛分娩（アメリカでは「無痛」ではなく、ある程度子宮口が開大するまで自然に出産を進め、途中から妊婦の希望によって鎮痛剤を投入することが一般的です）の選択肢も、日本では広く行き渡らない医療体制が残っています。「苦しむものだから」ではなく、多くの女性が苦しんでいる現状を可視化して、それを軽減する方法を、社会として積極的に探求していかなければならないと思うのです。

小さな判断でも親は悩む

ところで、寝かしつけがなくなり、私が夫と会話ができて良かったと思うことは、家事育児の役割分担などの夫婦間の話だけではありません。

育児の中での判断というのは、正解がないことがほとんどです。そんな難しい判断にまつわる要素を一緒に検討して、一緒に判断する相手がいることは本当にありがたいことです。子どもが悲しい思いをしているときの声かけの仕方から、どれだけ子どもの要求を聞くべきかの判断だったり、習い事や塾の選択、学校とのやり取り、交友関係について、あるいは何にどれだけお金をかけるかなど、育児にはたくさんの判断が関わります。もちろん子どものために一番いい選択をしたいと思うのは、親として当然なのですが、その一番いい選択がなんなのかがわからないことが多い。

たとえば、うちの子どもたちはコロナ禍に小学校に入学しました。当時地元の公立学校はオンライン授業のみだったので、感染対策をした上で対面の授業を受けられる私立の学校のほうがうちの子どもには合っていると判断し、私立の学校に入れる選択をしました（アメリカの多くの公立学校はそのまま一年以上オンライン授業がメインで、子どもたちは学校に登校できない状況でした）。しかし、その数年後にパンデミックが落ち着いてきたなか、そのまま私立でいくか、対面での授業ができるようになった公立に転校するかというのは夫婦で何か月間も話し合いました。結局、子どもたちは近所の公立の学校に転校し、今も幸せそうに通っています。そんな小さな判断でも親としては「これで本当にいいのだろうか」と不安に思いながらの悩める判断でした。

将来が見えない中で、その選択が良いのか悪いのかもわからないことはもちろん、時間が経ってからも良かったのかどうかがわからないといった選択も多いものです。だからこそ、傍から見たら小さなことに見えても、決断の責任がある親にとっては、一つひとつの判断に結構な精神的エネルギーを消費します。

だから、一人ではなく、親二人で一緒に考えるだけでずいぶんその精神的な負担が減ることも実感していますし、悩みだけでなくさまざまな喜びも共有できる幸せもありがたいと思っています。同時に、ほかの人の選択が自分と違ったとしても、「この人なりに子どものことを精一杯考えての選択だったんだろうな」と思い、勝手なジャッジメントをしないようにと心がけています。

私にとっての一番の宝物は子どもたちと過ごす時間。そして、子どもを育てながらキャリアを築けている最大の要因は夫にあります。いつもありがとう。

誰かが悪いのではなく社会がおかしい

マムシェイミング（母親に恥を抱かせる攻撃）

差別や偏見が小さな攻撃として表れる「マイクロアグレッション」の一つに、母親に恥を感じさせることを指す「マムシェイミング」があります。母親というのは、なにをしても社会から批判を受けやすい損な立場に置かれているのが国際的な現実です。

たとえば、私は授乳がうまくいかず、大変苦しんだのですが、「もう授乳における胸の痛みには耐えられないから、ミルクにしたい」と泣きながら言っても、「それは授乳を成功させるために、しっかり必要な情報を得ていないからだ。誰でもできるはずだから、受けるべきサポートを得て、授乳を続けるべきだ」と親戚に言われたことがありました。そう言われると、「そうなのかな」と思わされ、続けてみても、ただただ耐えがたい痛みが続くだけ。当時かかった男性医師にも授乳の痛みを泣きながら訴えたところ「ミルクは価格が高いけど、授乳は無料だ」とも言われました。そこで病院に付き添っていた夫が「でも痛みは価格では表せない」と言って、二人でミルクを選択することにしました。それまで二か月間頑張った授乳を手放すことにとてつもない罪悪感を抱いたものの、やめる決断をしてみるとびっくりするほど気持ちがスッキリして、暗かった空が突然明るくなったかのような感覚でした。

一方で、それだけ母乳が持ち上げられたかと思ったら、今度は「まだ母乳をあげているの」と批判される母親の姿も目にします。

また、子どもを保育園に預けて仕事をしていたら「子どもが寂しい思いをするんじゃないか」と言われ、預けなければ「保育園に行かないと社会性が育たないんじゃないか」と批判されます。

一生懸命考えて学校を選んだのに、「私立にするの？」「公立で大丈夫なの？」と、どちらに決めたとしても批判されます。

このような状況にあって、外的評価を気にしていたら、精神が蝕《むしば》まれてしまいかねません。

みなさんが、子育てについて一生懸命考えたプロセス、それによる判断、そしてなにより子どもが育っているという事実は、決して変わることはありません。世間がどんな勝手な評価をしたとしてもです。

しかし、子どもを産み育てるということは、そうした息苦しさと向き合わされることの連続です。とくに、日本では暗黙の「母親の責任」みたいな圧があり、ただでさえ大変な状況にある子育て中の母親たちが追い詰められているのではないかと心配です。

ガスライティング（悪いのは被害者？）に注意

心理的な虐待や嫌がらせを受けている被害者に、「自分が悪いんじゃないか」と思わせてしまう「ガスライティング」という心理操作があります。この言葉の語源は、アメリカで一九四四年に映画化された『ガス燈』という舞台劇です。その作品中では、夫がさまざまな細工をして不可解な現象を起こし、妻を追い詰めていくストーリーが描かれています。

ＤＶや虐待を受けていても「私が悪いのではないか」と考えてしまうケースに精神科医として対応することは少なくありません。実際には被害者であるはずなのに、さまざまな心理的な働きかけにより、不必要な自責の念を抱いてしまうことはよくあること。意識していない限り、誰でもガスライティングの被害に遭いうるのです。

子育てをしている女性も、社会からのひどいガスライティングを受けているように私には思えます。

子育てというのは本当に大変で、やらなければならないことが次から次へと出てきて終わることがありません。しかも、家事や育児という無償労働にかける時間は、日本では女性が男性の五・五倍にも上るというデータがあります。

そういう状況にあって、働く女性たちは仕事をできるだけ早く終わらせて、大急ぎで家に帰り、その後は無償労働の家事育児を引き受けていることでしょう。とくに少子化時代において（いつの時代においてもですが）、このように家庭を支え、子どもを育てる無償労働は、家庭内だけに留まらない社会に対する貢献です。それをやっているだけで賞賛に値するのに、誰も褒めてはくれません。

それどころか、子どもが熱でも出せば、母親の落ち度のようにさえ言われます。しかも、その無償労働のために早く会社を出ることにすら、申し訳ない気持ちにならなければならないのです。

一向に更新されない固定観念にがんじがらめにされた世界で期待を背負わされ、仕事も子育ても可能な限りマックスの量を引き受けている現状。それなのに、どちらもフルにできていないような、あたかも自分は失敗していて、さまざまな人に謝らなければならないかのような感覚を常に持たされているのは、まさに社会からのガスライティングそのものではないでしょうか。

もう一つ。以前、日本の医学学会での男女共同参画のためのシンポジウムに参加したときのこと。そこで男性医師が締めの一言に「海外の女性医師は、しっかりしてますよ。日本の女の子みたいじゃありませんよ。日本の女性もしっかりしなければなりません」と話しました。これは文字だけ辿ると事実かもしれませんし、女性がしっかりすることに越したことはありませんが、私は「これこそ、ガスライティングの典型例だ」と思いました。

日本の女性というのは、幼い頃から「女性は幼く、弱くあれ」と暗黙のメッセージを受けとりながら育ちます。医学部入試では点数操作で不当に落とされ、医学部に入ってからは「女性は医師に向かない」などと言われ、そして結婚し子どもを持てば、家事育児を夫の五・五倍やることになり、そのために「育児があるから」と男性と同じように働けない状況を、「女性医師は当直させにくいから雇えない」と雇用現場でまた差別を受ける。そういった背景があるから、「女性がキャリアが築けないのはなぜか」を問う、日本の医学界での男女共同参画のシンポジウムが必要となっているわけですが、そこでも「女性がしっかりしなければならない」と責められる立場にあるという現実を見ました。

もし読者のみなさんの中で、「私がしっかりしていないから」と自責の念を感じられている方がいらしたら、俯瞰《ふかん》してその状況を見てほしいのです。もしかしたらガスライティングの被害に遭っているかもしれません。自分が抱いている感情にはなにが影響しているのか、と考えてみると気づくことがあるはずです。

母親としての無言のプレッシャー

日本に里帰りすると私は、とたんに親としての自分に自信をなくします。というのも、母親としての無言のプレッシャーを感じ、親として足りていないと感じさせられることが頻繁に起こるのです。たとえば、空港からのバスの中でも、私の息子たちの声ばかりが響き渡っています。彼らは全くうるさくしているわけではなく普通の声で喋《しゃべ》っているのだけれど、周りにいる日本人がとても静かなために目立ってしまいます。

「日本にもマクドナルドあるんだ」
「あれは公園かな」
アメリカではそんな子どもの発言にほかの乗客がコメントして、会話になることもあれば、あるいはクスクスと温かい目で笑われることもある。そんな他愛のないことを、ワクワクしている息子たちに好きなだけ喋らせてあげたいけれど、日本のバスの中ではあまりにも浮いているので私も「ちょっと小さな声で話そうね」などと言ってしまいます。

電車の中で疲れ切った子どもたちが隅のほうの床に座っていたときは、年配の男性に注意されました。誰にも迷惑がかからない場所で、体育座りのように小さく座っているのに、「地べたに座るのは汚い」とか「椅子じゃないところに座ってはいけない」などの指導を受けたこともありました。

お店の順番待ちなどで並んでいるときも、「ママが並んでいるから、あの公園で遊んでいて」という私の話も終わらないうちにダッシュして行って、飛んだり跳ねたりしています。ところが、日本の子どもたちは親と一緒にちゃんと並んでいます。やはり受け入れられる行動というものが各社会に存在し、その中で自分の行動をアジャストしていくのでしょう。この環境の中で育つとこうやって静かに並べるようになるの

長男とは二人旅できるほどになりました。いつもと違う環境で生き生きと過ごし、好奇心と熱意を持って行動し、一緒に過ごす時間を持てたことは、とても特別なことでした。

かな、と私は感心して見ています。

うちの息子たちも誰に意地悪しているわけでもないし、迷惑をかけているわけでもないとはいえ、なんだか「きちんと子育てをしていないと思われているんじゃないか」というプレッシャーを感じてしまうのです。

日本のお母さんたちは本当に大変で、本当に頑張っている！

無言のプレッシャーを感じるのは、子どもたちのお行儀だけではありません。日本のお弁当は世界的にも芸術だといわれており、私も見るのも食べるのも、たまに作るのも大好きですが、これを毎朝作るのはすごいことです。ニューヨークタイムズなどで「子どもが喜ぶお弁当」として紹介されたアメリカのランチを日本人のお母さんに見せるとみな、「こんなんでいいの!?」とその簡素ぶりに驚かれますが、アメリカのお弁当はどんなにオシャレをしたものでも、日本のお弁当のレベルと比べると天と地の違いです。

また、以前、日本のファッション誌で「子どもの送迎ファッション」の特集がありましたが、このことをアメリカのお母さんたちに伝えるとみなびっくりしていました。送迎のためにわざわざオシャレをするということ、ただでさえ忙しい時間であるのにそのときの容姿を気にしなければならないということへの驚きでした（ちなみに私は「パジャマのような恰好」ではなく、本物のパジャマで息子たちを送っています）。

ここで言いたいのは、「毎日これをやっている日本のお母さんたちは本当に大変で、本当に頑張っている！」ということです。

あまりにも日常的になってしまっているので、もしかしたら無意識下かもしれないけれども、私よりはるかに厳しいプレッシャーを感じている環境の中で、本当に一生懸命頑張っているはずです。ときに、そんな自分の声に耳を傾けて、心身を解放してあげることも必要です。そして、どうかご自分の頑張りを自分で褒めてあげてください。

また、これだけ頑張っていても「自分はダメだ」「母親として責任が果たせていない」と感じられる方も多い現状に関して、それは「ガスライティング」かもしれないと繰り返しになりますが、強くお伝えしたいのです。日本社会は母親に対して異常なスタンダードを提示しています。育児の多くの責任を母親に押しつけている、そんな現状の被害者であるのに、日々とてつもない努力をしているお母さんたちが「自分が至らない」と思わされてしまうのは、まさにガスライティングなのではないでしょうか。

正しいアファーマティブアクション（積極的格差是正措置）

二〇〇〇年代に入った頃からアメリカでは、「アカデミー賞の主演男優賞や女優賞はなぜ白人ばかりなのか」ということが疑問視されるようになりました。

これに対して、二〇〇八年の大統領選でジョン・マケイン候補の副大統領候補となった元アラスカ州知事サラ・ペイリンが、「だったら、白人以外の人も演技がうまくなればいいじゃない」という無知な発言をしたことが大きな話題になりました。

ハリウッド映画は、そもそも主演俳優を決める時点で、最初から白人が主人公として想定されているケースが圧倒的なのです。主演が白人でなければならない理由はないのに、白人がやるものだというアンコンシャスバイアス（無意識の偏見）が多くの人にあったわけです。

このように、最初から白人以外にチャンスがほとんど回ってこないという問題について、興味深いソーシャルメディアキャンペーンが張られました。白人男優マット・デイモンなどが主役を務めた映画のポスターの顔を、アジア系俳優のジョン・チョーに置き換え「#StarringJohnCho（主演ジョン・チョー）」というハッシュタグと共に投稿し、「アジア人が主演を務める映画を想像してみて」と提言したものでした。

こうした数々の動きがあって、ハリウッドもようやく変わりつつあります。

二〇二三年のアカデミー賞では、日本でも「エブエブ」と呼ばれ大ヒットした『エブリシング・エブリウェア・オール・アット・ワンス』が高く評価され、中国系マレーシア人のミシェル・ヨーが主演女優賞を、ベトナム難民としてアメリカに渡ってきた子役出身のキー・ホイ・クァンが助演男優賞を受賞しました。また、二〇二四年のエミー賞では、七割が日本語のセリフである『SHOGUN 将軍』が作品賞を受賞し、主演男優賞には真田広之さんが輝きました。

ハリウッドもそうですが、アンコンシャスバイアスによって起きている差別を解消していくには、その無意識の偏見を理解し、「意識的に変える」ことが必要です。業績や能力があるのにアンコンシャスバイアスによってふるい落とされていた人を意識的にピックアップすることが、正しいアファーマティブアクションなのではないでしょうか。

トークニズム（ただ女性を登用すればいいの？）

しかし、ときに日本では「ただ女性を登用すればいい」という短絡的な理解になってしまっていることも多いと感じるのです。たとえば、ワイドショーなどで、有名大学を卒業したけれど実績はなにもない、議論される分野においての知識はない女性が起用されるのを見ることもあります。その中には女性であることを逆手にとり、男性に気に入られることによって前に出て、実際の女性の地位向上にはむしろ逆行するようなことを言っている人も多く見受けられます。

さらに、女性が一人だけ登用されても、「女性を入れると面倒くさい」と思われないように振舞わなければならない、あるいは男性同士が会議室外で話し合ったことの事前知識がない中で議論に参加しなければならない、といった状況下で、女性を代表する働きができないことも多いです。それなのに、女性を一人登用することで「女性の意見を反映した」と、まるでやることチェックリストの項目に「やった」とハンコを押すかのようなトーンで語る男性も見受けられます。

アメリカでは、たとえばドラマの脇役に一人有色人種の俳優を入れて、「多様性を反映させた」とチェックリストにハンコを押すことを、「Tokenism（トークニズム）」といいます。Tokenというのは「証」と訳されますが、「多様性を反映させた『証』」として有色人種を少人数採用しても、人種差別はなくなりません。それどころか、表面的にそういった「証」が示されることで、まるで人種差別が解決されたかのような印象を与え、問題を放置させてしまうことすらあるのです。その問題を表す言葉がトークニズムです。

日本の女性起用においても「証」だけの採用では問題は解決されません。どのような分野であっても、一番能力を発揮し、貢献できるであろう人が、然るべきポジションにつくべきだと私は考えています。業績も能力もあるのに、社会に蔓延る無意識の偏見によって、さまざまな機会を奪われ続け、ふるい落とされている女性が多くいることに気づかなければなりません。そして、そんな女性を的確な地位に導くには、「意識的な」選別が必要で、それがアファーマティブアクションなのだと思います。

そのやり方で大丈夫！

「どうでもいい」と言える喜び

子育てをするようになって私に起きた大きな変化の一つが、さまざまなことについて「どうでもいいよね」と思えるようになったことです。子育てに精神的にも体力的にもエネルギーを使うために、ほかのことにあまりエネルギーを割けなくなったからなのですが、それは悪いことではないと感じています。

たとえば、美容やオシャレについて。実は私も、もともとオシャレは大好きで、子どもが生まれる前にはボストン・スクール・オブ・ファッションデザインに通い、自分の服を作っていた時代もありました。しかし、現在は日常的なファッションは、どんな状況にも対応しやすい服を何枚か持って着回しています。子どもと過ごす中で汚れてもいいし、しゃがんだり、遊具に上ったりできる、一日中着ていても疲れない、そして仕事にも着ていける服。そんな服を見つけたときには、同じものを数着買って、長く使えるようにしています。

メイクも、お出かけのときには楽しくメイクをしているものの、普段はしない日のほうが多く、周囲の人がノーメイクの私のことをきれいと思ってくれなくても、まさに「どうでもいい」と思えるのです。髪も自分で切っています。

「私にとってはオシャレが幸せに繋がる」と思う方は何歳になっても、そういった喜びをシェアすることは素敵だと思います。しかし、そうしない女性、特に三〇代から四〇代の女性において容姿に関する意識が優先順位から落ちることを容姿について「諦めた」という言葉で表されることがありますが、私はそれは間違いだと思います。「諦めた」どころか、人生経験を積むにつれて、自分にとって大切なものが明らかになり、社会が求める美に自分を当てはめなくても幸せでいられるようになったということなのではないでしょうか。

仕事についても変化が起こりました。大前提として一生懸命やっていますし、患者さんと接する臨床や、研究における科学的事実に関しては一切の妥協はしません。また、もし読まれている方で、これから子どもを持とうと考えている女性がいらしたら、キャリアの早い段階で、ある程度の信頼を勝ち得ておくことに損はないということは伝えさせてください。

しかし、今は論文を書くときなどは「一〇〇%でなくても、挽回できるから大丈夫」と思えるようになりました。昔は現時点の最高のものに仕上げるべく一字一句にこだわっていたのが、今はこだわるところはとことんこだわりますが、「大事なところをとにかく書こう」「ここで言及できなかったことは次の論文に書こう」と思えるようになり、「一〇〇%を目指して提出しないよりは八〇%のできで提出するほうがずっといい」ので、優先順位をつけて八〇%を目指すようになりました。

人間関係においても、意見の相違があったり、気になることがあったりしても、気にし続けることは少なくなりました。どんなに悩んでいても、次の育児のタスクがすぐにやってくるので、気持ちを切り替えなければならないという現実的な理由があるのはもちろん、子どもの存在が心を少し解放してくれているとも感じています。

「アイドル的存在」が迷いそうな自分を助けてくれる

塩田先生が働いていたCDCで最近まで長官を務めていたロシェル・ワレンスキー先生という女性医師がいます。この人は、私の「アイドル」とでもいうべき存在です。

彼女は、私が勤めているマサチューセッツ総合病院の感染症内科のチーフをしていました。そこから引き抜かれてCDCの長官になり、素晴らしい活躍をしました。

コロナ禍、その対処法についてトランプ政権下だったアメリカは大きく分断されていました。「大きな政府がいいか、小さな政府がいいか」というような分断はあっていいでしょうが、感染症についての科学的事実が正しいか正しくないかで市民が分断されるのはおかしな話です。それなのに、ワクチンを打つか打たないか、マスクをするかしないか、ソーシャルディスタンスをとるかとらないか、さらにはコロナは存在するかしないか……などについて、国民が支持政党によってパッツリ分断され大混乱が起きていました。

死亡率も、感染拡大によって受ける影響も、州によって大きな差が生まれました。政治的な信念やサポートする政党によって生死が分かれかねないような状況にまで分断している国の、感染症に関わる政策とガイドラインをリードするなんて、考えただけでも大変で、誰もやりたくない仕事だったはずです。

でも、彼女は引き受けて頑張りました。そして、なんとかパンデミックを収束させていく姿を見て、私は素敵だと思い、いつもインスパイアされていました。

そんな憧れの存在と、ご一緒する機会に恵まれたのが、臨床の科学雑誌として最高峰にある『The New England Journal of Medicine』のイベントでした。このイベントは雑誌のコーナーのひとつ『Clinicopathologic Conference(臨床病理ケースカンファレンス)』が一〇〇周年を迎えることを記念したもので、私も同コーナーで筆者になった経験があります。そして、私の勤めるマサチューセッツ総合病院が、この科学誌の誕生の地です。ここで、一〇〇年前の「スペイン風邪」の最初の症例を、今の知識を持って当院で検討をしようという企画があり、ワレンスキー医師がリードするディスカッションに私も参加しました。

日本でワクチン啓発に関わったことや、妊婦としてワクチンを接種した自身の体験や科学的な事実をどのように一般市民にコミュニケートしたかということなどについて意見を述べたのです。

その経験自体も素晴らしい財産となっていますが、なによりワレンスキー医師と一緒に撮った写真は、私の宝物となっています。

私にとってのワレンスキー医師のようなアイドル的存在を持つことは、軸をぶらさずに日々を送る上でとても重要です。社会からのガスライティングに遭って自己評価がぐらつきそうなときも、迷わず進む指標となってくれますから。

ロシェル・ワレンスキー医師と。私の書いた本『ソーシャルジャスティス　小児精神科医、社会を診る』（文春新書）を持って。

同じように、私は幼い頃より、違う形の夫婦像、妻像を見せてくれていたヒラリー・クリントンさんに憧れていました。彼女が二〇一六年の大統領選でトランプに負けてしまった後に、母校であるウェルズリー大学の卒業式で祝辞を送ったときの言葉が忘れられません。「どんなに周囲の反応にがっかりしても、どんなに自分の声は効力がないのではないかと思っても、やるべきことはただ一つ。正しいと思うことをやり続けること」、この言葉は自分の内なる指針を支えてくれています。

そして、同じく雄弁でカリスマティックなミシェル・オバマさんも私のアイドルです。見えないものに夢を抱くのは難しいことですが、たとえ遠く離れた存在であっても憧れのアイドルを見つけると、「夢が実現する姿が見える」ようになり、自分自身の可能性も信じられるようになります。

子育ては終わらない？

みなさんも痛感していると思うのですが、子育てには終わりがありません。

赤ちゃんのときは、とにかく物理的に大変ですね。オムツを替えたり、ミルクをあげたり……やることだらけで親の手が空く暇はありません。夜泣きするから、どんなに疲れていても親は十分な睡眠はとれません。

少し大きくなってきたら、今度は習い事の送り迎えや、日本だったら受験についてどうサポートするかなどという課題が生じます。

さらに成長するにつれて、子どもたちとの会話も複雑になっていきます。それはすごく楽しいことでもあるけれど、こちらもたくさんのことを考える必要が出てきます。単純に親の世代が知らない言葉が登場することもあれば、社会性の高い難しい話題に発展することもあります。

いろいろな話ができて、はっと気づかされることも増えて、ラクになったかというと全然ラクになっておらず、むしろ、違う意味で大変になっているようなところもあります。私の場合、子どもが赤ちゃんだったときは預ける人がいればなんとかなる部分もあったけれど、子どもたちとの交流が「世話」の域を超えて意味を持つようになってきた今のほうが子育てに割く時間は増えています。

でも、正直、これほど楽しいことはほかにはありません。子どもたちが日々どんな経験をして、何を感じたかを聞きながら、共に送る時間は、私にとって最高の幸せです。

要するに、子育ては終わりがないだけでなく、変化も多い。だからこそ、そのときに一番いいと思うことを判断して、やっていくしかないのです。なかなか次の一年がどのようになっているかと予想も計画もできないのが育児ですが、それでもそんなジェットコースターからおりたいと思ったことは、私は一度もありません。私一人では体験できない経験をたくさんさせてくれて、本当にありがとう、と子どもたちに感謝しています。

行き当たりばったりでも、なんとかなる！

最後にお伝えしたいのが、私にとって、なによりも息子たちとの時間が宝物だということです。こんなにも大変なのに、どうして三人も育てているのかというと、その中で味わう幸せというのが、ほかとは全く比べ物にならない最高なものだからです。

「育児には終わりがない」と書きましたが（物理的に手がかかる部分は終わってほしいですが）、私は「育児が終わってほしい」とも思っていないのです。私は子どもたちを愛しています。私の元に生まれてきてくれてありがとう。

人生において、目標や夢を持つことは大事だけれど、あまり決め込まないでいいのではないでしょうか。

私自身、振り返ってみると結構、行き当たりばったりでここまできました。そのときは一生懸命考えて「これしかない」と思っても、そうはいかないことは山ほどあるし、状況に応じて優先順位も変わることもあれば、現実的に「できない」ということもある。

もちろん、明確な目標があり、それに向けて計画を立て努力するのは素晴らしいことに違いありません。ただ、その通りに進まなくても大丈夫という感覚を、私も大人として成長するにつれ身につけることができた気がします。

働くことと育児に関してもそう。もしかしたら、キャリアを積むことに邁進している途中で子どもと過ごす時間がもっとほしくなるかもしれないし、子育てをしている中で今までは気づいていなかった自分の天職を発見するかもしれません。あるいは、キャリアが自分のアイデンティティーだと思う方もいるかもしれません。

私の場合は、出産前の一〇年ほどの全力疾走と、その期間に築いた信頼関係が、未だにキャリアを支えてくれているところもありますが、周りを見渡すと、本当にさまざまなキャリアの在り方が見えてくるのです。スピードの緩急だけでなく、寄り道をしたり、後戻りをして方向転換したり。一人ひとり、その人なりに精一杯生きる中で、いろいろなことに直面し、そこで今までわからなかったことがわかってくるのが人生だと実感させられます。

だから、みなさんも自分なりの旅路を見つけてください。あっちに行ったりこっちに行ったりしながらも、「自分なりの幸せ」に誇りを持って悠々とやっていきましょう。

第3章

大丈夫だよ、私もそうだったよ

塩田 佳代子

手探りで試行錯誤している真っ最中

悪阻がこんなにつらいものだなんて

私の子どもたちは五歳と三歳で、二人ともアメリカで産まれました。アメリカのシステムだとちょうど小学校（Kindergarten）と幼稚園（Pre-school）に入学したところです。子どもが小さい頃は、多くの親が「記憶のない時期」といいますが、まさにその時期をやっと乗り越えたくらいなのかなと思います。

第一子の出産は、イェール大学で博士課程に在籍しているとき。はじめてのことばかりで戸惑いました。悪阻がこんなにつらいものだなんて予想もできなかったし、まだ妊娠していると大勢の人に言えない時期には、授業を教えている途中に「ごめん！」とだけ言い残してトイレに駆け込んで吐く、ということも何度もありました。そして日本とアメリカの妊娠中の過ごし方、やっていいこと、悪いこと、検診の回数や内容、分娩出産時のさまざまなことなど、違いがたくさんあって、一体どっちが正しいの？と混乱しました。

そしてなにより戸惑ったのは、アメリカと日本の産育休制度の違い。アメリカでは予定日直前まで、場合によっては陣痛が始まるまで働き続け、出産してから短い産育休に入る人がほとんどです。企業や州によっては半年ほど産育休を取得できる場合もありますが、二か月ほどで復帰する人も多いです。

コロナ禍の第二子出産で産後うつ病

第二子の出産は博士研究員をしているときでした。二回目で多少慣れていたものの、まだ小さな第一子を育てつつ、悪阻に耐えつつ、仕事もするのはやはり簡単ではありません。そして、なにが大変だったかって、コロナ禍真っ最中だったんですね。産まれる前も産まれた後も、他人との接触を制限しなければならず、本当に孤独でした。日本との行き来は制限されていて、日本の家族に赤ちゃんを会わせることも叶いませんでした。第二子がはじめて私の両親に会うことができたのはもう一歳半のときでした。

第二子出産後、仕事に復帰しても、保育園でコロナ陽性者が出るたびに五〜一〇日の自宅待機になり、思うように仕事を進められない毎日。半年の間に七回も自宅待機を経験しました。

自宅待機中は友達やベビーシッターさんを呼ぶこともできず、まだ言葉が喋れない子どもたちと、ひたすら家に籠る日が続きました。「今日はこんなことができるようになったね！」「今朝うちの子こんなに可愛いことしたんだよ」と、家族、親戚、友達と経験を共有することができず、本当に孤独を感じました。子どもたちはそこにいても、まだ小さすぎて、思い出を共有したり、他愛のない話をしたりすることができない。待望だった子どもが産まれたのに、これまでにない孤独を感じる日々が続くとは、なんて皮肉なことでしょうか。

そんなことを繰り返していたら、産後うつ病と診断され、治療を受けることになりました。ちょうど教授職の応募・審査が行われるシーズンだったため、仕事も気が抜けない時期で、まさに崖っぷちでした。

一緒になんとか楽しくやっていこう！

そんないわゆる「記憶のない時期」。それをどう乗り越えたのか、どうやって「馬からおりず」にいられたのか（記憶のない時期が終わったか、まだわかりませんが……笑）。私も正直まだまだ手探りで試行錯誤している真っ最中ですが、この期間に学んだこと、試してみたことをお話ししたいと思います。

一人ひとり状況も、価値観も、やりたいことも、やらなくちゃいけないことも違います。だから私がこの章でシェアすることが読者のみなさまの状況にすべて当てはまる、問題を解決できる、というわけではないと思います。全く違うやり方が良い場合もきっとあるでしょう。でも少しでもなにかのヒントになったり、考えるきっかけになったり、誰かのつらい気持ちに寄り添えたり、「ひとりじゃないよ、一緒になんとか楽しくやっていこう！」と伝えられたら嬉しいです。

イェール大学を卒業したのがコロナ禍で、卒業式がキャンセルされたり簡略化されたりしたため、なんと式に二回参加。第二子がお腹の中にいるときに参加した2021年（上２枚）と、産まれたあとに参加した2022年の式の写真（下２枚）があります。

子どもを産むってこういうことか！

お母さんか研究者か

小学校の三年間、父親の仕事の都合で、私は南アフリカ共和国に住んでいました。そのときに、日本と南アフリカ共和国の衛生状態の差、人々の健康状態の差などに衝撃を受けたのが、今の獣医・疫学者という仕事を志すきっかけとなっています。

人や動物の健康に関わる仕事がしたい、国際的に貢献できる仕事がしたいと考え、東京大学で六年間、獣医学を専攻した後、私はアメリカに向かいました。

卒業してすぐに日本を出た一番の理由は、世界の保健に貢献するには、少しでも早く実地経験を積んだほうがいいと考えたからです。一方で、裏の要因として、女性として日本で夢を追うことがなかなか難しいと感じさせる出来事があったことは否めません。

当時、卒業後の進路について教授たちと話し合った際に、公衆衛生学の専門家としてWHOのようなところで働いてみたいという希望を述べると、「女の子なんだから、留学や国際機関で働く道は選ばないほうがいいよ」と開口一番、言われました。

その理由を尋ねると、「なかなか日本に帰ってこられなくなってしまう。それに国際機関も探しにくくなってしまうから、子どもを持つタイミングも難しい。結婚相手の職というのは不安定で女の子には向いていない」ということでした。

「どうしても行きたいなら、農林水産省とか厚生労働省に入って、そこから二年間くらい出向するのはどうか。それなら安定しているし、必ず日本に帰ってくることができる」というアドバイスももらいました。もちろん、意地悪で言っているのではなく、私のことを思ってくれているからこそのアドバイスです。

しかしながら、私がやりたいのは「WHOにちょっとだけ行ってみること」ではなく、その先にある世界への貢献です。二年で帰ってきたのでは意味がないのです。それでも、私のこうした思いは、なかなか周囲の人たちには理解してもらえませんでした。

私はたびたび「お母さんになりたいのか、研究者になりたいのか」と問われました。私は、「どちらにもなりたい」と思っていましたが、それを応援してくれる人、どうしたらそれが実現できるかアドバイスをくれる人は周りにはいませんでした。

これが男子学生だったら、「お父さんになりたいのか、研究者になりたいのか」と聞かれることはあったでしょうか。

自分の人生ですから、やりたいことは全部やってみたい。研究者としていい仕事がしたいし、結婚も子育てもしたい。どちらかを選べというアドバイスは受け入れられなかった。そうして、どちらにも挑戦するために、海外を目指しました。

「働く母」「夢を追う母」を間近で見る

日本で大学に通っていた当時、スタッフには子育てしている女性がいましたが、教授陣にはお母さんとして働いている人は私の周りにはいませんでした。

一方、アメリカに留学すると、キャリアの途中で結婚・妊娠・出産・子育てする女性を間近で何度も見ました。大きなお腹を抱えて授業をする教授は珍しくはありませんでした。小学生低学年くらいのお子さんを一緒に連れてきて、自分の授業中に教室で塗り絵やゲームをさせている姿を見ることもありました。教授だけでなく、母親の学生も珍しくなく、子どもを隣に座らせて一緒に授業を受ける人もいました。子どもたちもこういう状況に慣れていて、静かに座って自分の宿題をやったりしながら授業が終わるのを待っていました。

アメリカの連邦政府機関であるCDCで疫学者として働いていたときも、働く母親をたくさん見ました。たとえば、同じチームの直属の先輩で、二人の子どもがいる女性職員の話。彼女は三人目を妊娠中で、予定日が近づく中リモートで仕事を続けていました。そしてある日、「陣痛始まったので、今から産休に入ります！」というメールが届きました。翌日には、元気に産まれた赤ちゃんの写真がチームに送られてきたのです。

大学でもCDCでも、同じチームで妊娠・出産をする人はたくさんいました。そのたびにチームで「Baby shower（ベビーシャワー）」というお祝いを盛大にしました。ランチの時間にチーム全員で集まって、会議室を可愛くデコレーションし、ごちそうを用意して、一人一個ずつプレゼントを持ち寄って、妊娠中でお腹の大きい同僚におめでとうの気持ちを伝えます。

このように、アメリカに移り住んでから、研究機関や政府機関で女性たちがどういう経過を経て産休に入るのか、出産後にどういう対応をするのかを間近で見られたのはいい経験でした。自分もチームメイトとして彼女たちがいない間は仕事のサポートに回り、誰かが休む場合はチームがどのように仕事を回すのか知ることができました。

アメリカでは必ずしも「お母さんになりたいのか、研究者になりたいのか」を選ばなくてもいいんだ、と実感できました。キャリアを積みながら妊娠・出産・子育てする女性を、一人ではなく何人も見て、人それぞれさまざまな状況、やり方、対応があるということを知り、「わたしにもできるかも」とイメージを持つことができました。

そしてなにより、働く母たちがキラキラ輝いて見えました。彼女たちはさまざまな職位について、複数の重要なプロジェクトをリードし、大きな会議や学会で発表をし、後輩や学生を指導していました。私もこうなりたい！　と勇気づけられたし励まされもしました。

実体験――時間も体も自分のものではなくなったような感覚

渡米してからたくさんの働くお母さんたちを見てきて、「仕事をしながら母になる」イメージを持ちやすくなってはいたものの、やはり実際に自分自身が体験するのは訳が違いました。外からは見えていなかったものがこんなにあるのかと驚愕しましたし、思いきり戸惑いました。

まず自分の体が自分のものではなくなったように感じました。

たとえば授乳。こんなに痛いの？　と衝撃だったし、仕事中に搾乳しなくてはいけないのは負担でした。まず自分のオフィスがある建物に、授乳・搾乳室がたった一つしかない。みんな昼休憩を搾乳にあてたいので、たいてい取り合いになり、仕方なく仕切りもない中、四人で部屋を使うことになったときもありました。

どうしても忙しくて一日中ミーティングで埋まっていたとき、搾乳する時間がとれず、男性の上司とのミーティング中に乳腺が張って激痛が走りました。顔は真っ青だったと思います。汗も吹き出してきて、様子がおかしいことに気づいた上司が大丈夫かと聞いてくれたものの、理由を説明できずに泣きそうになった日もありました。

それからホルモンの影響。ホルモンバランスの変化で、体調も気持ちもアップダウンが激しくなるとは聞いたことがあったものの、実際体験すると、その影響は想像の何倍も上をいくものでした。

そして、時間。

朝、子どもを送り届けて、夕方お迎えに行く間しか仕事ができないのは当然ですが、親になってわかったのが、子どもは子どもの時間で生きているということです。

歯を磨くのに一〇分、服を着るのに二〇分、靴を履くのに一五分……。ついつい「早くして！」と言いたくなります。

仕事をしている間は、ものすごいスピードで業務をこなしているのに、子どもをピックアップした途端、いきなりスローダウンしなくてはなりません。このスピード感の違いに戸惑いました。

一日を通してリズムを変えることは、結構体力を使います。たとえば私はランニングが趣味ですが、トレーニングの一つに、速く走って、ゆっくり走って、速く走って……を繰り返すインターバルラントレーニングというものがあります。これは一定のスピードで走り続けるより心臓に負荷がかかり、消費カロリーも多くなります。

仕事中と子育て中のスピード感の差は、まさにそれと同じようだと感じました。「仕事に熱中して一定のスピード感で一週間過ごす」よりも、「九時から五時まで効率重視で仕事をして、その後、子どものリズムに合わせて生活をする」日々のほうが、より一層体力や精神力を使うように感じました。

これまでは仕事に全体力を使って帰宅後気絶するように眠っても大丈夫だったけど、子どもが産まれてからは、仕事後に子育てするエネルギーを残しておかなくてはいけないことも知りました。

「仕事も子育ても両方やりたい」と思っていた私が、実際に子どもを持ってわかったことは、「そのためには自分の価値観や考え方を一八〇度変えなきゃいけない」ということ。とはいっても、なにをどう変えたらいいのか？「記憶のない時期」真っ最中、私の背中を押してくれたのは、偉大な先輩女性研究者のアドバイスと科学にもとづいたヒントでした。

人生に起こる「自然なリズムの変化」

そういうもんだよ、それでいいんだよ

イェール大学には、岩崎明子教授という偉大な日本人女性がいます。免疫学の権威で、イェールの教授職の最高位であるスターリングの肩書きを有しています。岩崎教授は私だけでなく世界中の女性研究者にとって、ロールモデルであり憧れの存在です。

イェール大学の大学院生時代、はじめての出産が近づいてさまざまなことが不安になり研究に集中できないときがありました。

研究に没頭できていた頃とは違い、「出産に必要なものはすべて揃えただろうか」「保育園はどこに入れようか」「ベビーカーはこれでいいだろうか」と研究以外のことで頭がいっぱいになる日々が続きました。なにもかもはじめてで、一つひとつのこと

が不安で、いっぱいいっぱいでした。

その状態に戸惑ってどうしようもなくなり、「まだ産まれてもいないのにこんな状態で、これからどうやっていけばいいのでしょう」と岩崎教授に相談させていただいたことがあります。急にきた面識もない学生からの相談に、誰よりも忙しいのに、先生は時間をとって私に会ってくださいました。

私を部屋に招き入れ、話を聞いて、「そういうもんだよ」「大丈夫だよ」「私もそうだったよ」とご自身の経験をシェアしてくださったのです。

「この高名な先生も、そういうときがあったんだ」と思えたことは、私にとって大きな救いとなりました。

当時私は、このままではいけない、なにか変えないと、なんとかして今まで通り仕事に集中する時間を作って結果を出し続けないと、と焦り、自分に多大な負荷をかけていたのです。

でも岩崎教授とお話しできたことで、「そうか、こういう状況になるのは自然なことなんだ」と思えたし、私もまだ仕事を続けていてもいいんだ、夢を追い続けてもいいんだ、と思うことができました。

私がまだ仕事を続けられているのは、岩崎教授をはじめ、「そういうもんだよ、今はそれでも大丈夫」と言ってくれた先輩たちのおかげです。

生産性と効率性の呪い

人間は機械ではないので、生産性が毎日、毎週、毎月、毎年同じ、ということはないのです。揺らぎがあるほうが自然です。

そもそも年がら年中週五日働くという現代のシステムは、人間の歴史から見たらとても新しいものです。自給自足だった頃には、人々の生活には明確なリズムがありました。種を蒔《ま》く時期や収穫期は町中の人が集まって毎日働き続けるほど忙しいですが、それが年中続くわけではなかった。仕事に熱中する時期と、ゆったりする時期が自然に分かれていたのです。

しかし産業革命以来、科学や技術の発達で、人々は年中働けるようになりました。同時に「時間あたりどれだけ成果を出せたか」で評価されるようになりました。一日あたり何個の商品を製造できたか、面積あたりどれだけの穀物を生産できたか。私は研究者ですが、一年あたりの論文数は一つの外的評価指標です。病院ですら、時間あたり何人の患者を診察したかが、経営上とても大事です。みなさんの仕事にもそういう面があるでしょう。

こうして仕事の軸は「生産性・効率性」になり、技術の発展で多くの仕事から自然な季節性がなくなり、常に走り続けるシステムになっていきました。

そういう世界で生きてきた私たちは、つい、どんなときでも生産性や効率性を意識してしまいます。しかし、子育ては生産性や効率性とは無縁のものです。

たとえば、子どもがうまく靴を履けなくて何分もかかって苦戦していると、ついつい「もう待てない！　すごく忙しいんだから、この時間を仕事や家事にあてて効率よく生産性を上げたい」と焦ってしまい、履かせてあげたくなってしまうものです。のろのろ歯磨きをしている姿を見たら、「もう私にやらせて！」と言ってしまいたくなります。

でも、辛抱強く待つこの時間が子どもたちを成長させます。何度も何度も失敗して、ときには癇癪《かんしゃく》を起こして泣いてしまったりして。その繰り返しで、だんだんできるようになっていく。「時間あたりどれだけ成果を出せたか」では決して測れない価値なんですよね。

第1章の「外的報酬」の項でも話しましたが、仕事と子育ての性質や評価の軸というのは大きく異なります。それが仕事と子育てを両立する大変さ、仕事と子育ての切り替えスイッチを押すことの難しさを増幅しているのではないでしょうか。

私もこの違いに戸惑い、「なにかを変えて、これまで通りの生産性を維持しなくては。なんとかこれまで通り走り続けなければ」と思っていましたが、そもそも年がら年中、何年間も同じ生産性・効率性で仕事をし続けるというのが非人間的な行いだということ。それを先輩ママたち、そして子どもたちが気づかせてくれました。

はじめての妊娠・出産が不安で、いろいろ考えてしまって仕事に集中できない日があるのが自然。子どもが産まれてから、以前のように週末も夜も仕事をし続けることができなくなるのも自然なこと。

まさに「そういうものだよ、今はそれでいいんだよ」ということです。子どもが大きくなったとき、また時間を忘れて仕事に没頭できる日もでてくるでしょう。人生にはリズムがある。それはとても自然なこと。子育てだけでなく、会社や経済の状況だったり、自分の身体的・精神的な状態だったり、親の介護だったり、さまざまな要素で仕事への向き合い方は変わるもの。それはとても人間的で、私たちが機械ではない証拠です。

心の仕組みを科学的に理解する

ただ、いくら自然なこととはいえ、はじめての妊娠・出産・子育ては想像できないほどの力でリズムを強引に変えていきます。その最中にいる身としては、「大丈夫、自然なことだわ」と割り切ることはなかなか難しいこともあるでしょう。実際問題、私たちの仕事が生産性で評価されているのは変えられない事実で、それが下がっては仕事を続けられなくなることもあるわけです。どうしてもプレッシャーを感じて苦しくなります。

そもそも近年、親にかかるプレッシャーは相当なものがあります。子育てにかかる時間、リソース、経済的負担、精神的プレッシャーが異常なまでに上がっています。アメリカでは、少し前の世代までは、子どもたちは日が暮れるまで外で遊んでいても大丈夫でしたが、今はどこに行くにも親が付き添います。子どもの教育費はものすごいスピードで上がり、経済的負担が増えています。一つ前の世代にはなかったソーシャルメディアによる子どものメンタルヘルスへの影響などもあり、今の親はさまざまな新しい課題に直面しています。きっとこういったプレッシャーを感じていらっしゃる方は多いと思います。

こういった状況の中、アメリカの公衆衛生局長、ビベック・マーシー博士は二〇二四年、「親のメンタルヘルスと幸福」に関する提言を発表しました。近年アメリカでは三割以上の親が強いストレスを感じているという調査結果を報告し、親や介護者、家族を支援する必要性が急務であると警告しました。

人生に起こる「自然なリズムの変化」とどううまく付き合っていくか。とてもプレッシャーがかかる中、どうやってメンタルヘルスを維持しながら自分と家族と仕事に向き合っていくか。これまでの考え方、価値観を大きく変えないといけないと毎日ひしひし感じていました。

そんなときに出会ったのが、イェール大学の心理学の教授、ローリー・サントス先生です。

サントス教授が開いた「Psychology and the Good Life（心理学と良い人生）」という講義があります。受講希望者数は一二〇〇人を超え、イェール大学の三〇〇年以上にわたる歴史上、最多の受講者を集めました。その人気は、普通の教室ではとても収まらないため、イェール大学のオーケストラホールで授業が行われたほどです。

この講義は、若者の自殺やうつ病の増加がデータ上でもはっきりしている中で、学生たちのメンタルヘルスを向上させることを目的として始められました。

私たちは「結婚できたら幸せになれるはず」「年収があと○○万円上がったら悩みがなくなるはず」と思ってしまいがちです。でも実際それらを達成しても「あれ？うまくいかない」と思うことがしょっちゅうあります。童話のように「こうしてお姫様は一生幸せに過ごしました」ということは現実世界ではまずありえないわけです。

サントス教授は言います。「私たちの心はいつも、『幸せになるためにはこうしなさい』と指示してきますが、もしその直感が間違っていたら？　もし直感が私たちを本当の幸せから遠ざけているとしたら？」。

先生の講義は、こういった心の仕組みを科学的に理解することで、幸せとはそもそもなんなのかを紐解き、どうしたら精神的に健康になれるのかを伝えています。

この講義は子育てによるリズムの変化に特化したものではありませんが、それに当てはまるヒントがたくさんちりばめられていました。私は夢中になってサントス教授の講義を受け、参考図書を読み、次のページに続くような科学に基づいたヒントをいろいろ試してみました。

自分の価値観、評価軸を変える

ディシジョン・ファティーグ（決断疲れ）との戦い

現代は選択肢も情報も山のように溢れかえっています。

コーヒーを買うとき、どの豆にするか、どのシロップを入れるか、どのミルクを入れるか、甘さのレベルはどうするか、なにもかもカスタマイズできます。サンドイッチを買うときも、具材はもちろん、パンの種類も選んで、ドレッシングはかけておくか別容器に入れるか、トーストするかしないかも指定しないといけません。

ベビー用品も例外ではなく、Amazonを開いて「baby carrier（抱っこ紐）」と入力すると、一〇〇〇件以上の選択肢が出てきます。哺乳瓶も、ベビーカーも、選択肢に溢れています。

少し前までは実店舗に行って、何個かある中から選んでいたものが、今はオンライインストアで無数の商品の中から選択していきます。一つひとつ違う特徴があったりして、どれを選んだらいいか悩んでしまいますよね。

選択肢が増えたことは良いことでもあります。自分の好みの味に調整できたり、アレルギーのあるものや宗教上食べられないものを避けることもできます。自分の状況に合ったもの、ニーズに合ったものをたくさんの選択肢から選ぶこともできるようになりました。

しかし、選択肢が増えるというのは良い面だけではありません。一つひとつ情報を処理して選択し、決定するには、時間も体力もかかります。

ただでさえ毎日さまざまなものを選ばなくてはいけない時代に、母親になってからさらに、選択・決断を意味する「decision making（ディシジョン・メイキング）」の回数がものすごく増えたと感じました。

たとえば、お母さんたちはまず朝起きたら「今日は子どもになにを着せようか。朝は寒いけど日中は暖かいから、下は半袖のほうがいいかな」「お弁当になにを入れよう。昨日は野菜をあまり食べなかったから、今日はたくさん入れたほうがいいな」「ブドウは飲み込んだら大変だから小さく切って入れよう。あぁ、でももっと小さく切ったほうが安全かな」と決めなくてはいけないことが次から次へと押し寄せます。

「今日は子どもの検診が二時にあるから、あの仕事を午前中に片付けないといけないな」「今日は長女の習い事が五時からあるから、お買い物はその前に済ませないといけないな」と、子どものスケジュールに合わせてディシジョン・メイキングをしなくてはいけないことも多いです。自分のことだけではなく、子どもの人数分だけ意思決定しなくてはいけないことが増えるのです。

むしろ子どものことだからこそ、小さいことでももしかしたら命に直結するのでは、とより一層真剣に時間をかけて考え込んでしまう傾向にあります。

しかし、人は一日にディシジョン・メイキングできる回数が決まっているそうです。それを超えると、「decision fatigue（ディシジョン・ファティーグ／決断疲れ）」が起こります。毎日たくさんの選択・決断をしなくてはいけないお母さんたちは、ディシジョン・ファティーグを起こしやすい状況にあるのです。

そしてディシジョン・ファティーグを起こしている状態だと、大事な決断をするときに疲れきってしまっていて、判断を誤る可能性が高くなります。

バラク・オバマは、アメリカ大統領だった頃、毎日人々の生活に直結する重要な決断をしなくてはいけませんでした。ディシジョン・ファティーグに陥って決断を誤れば、たくさんの人や国に影響が出ます。そこで、毎朝小さなことで悩まなくていいように、着る服をルーティンで決めていたといわれています。「今日はこのスーツにこのネクタイを合わせようか？」と悩まなくてもいいように、すでに決まったコーディネートを用意しておくのです。

私たちは大統領ではありませんが、真似できるところがあると思います。晩ご飯のメニューも、子どものお弁当も、家の掃除も「月曜日はこれ」「火曜日はこれ」と決めてしまってはどうでしょうか。そうして使わずに済んだ意思決定能力を、より大事なことの選択に回していく。子どもの進路や人生に関わることはいくら悩んだっていいでしょう。その分、日々の小さなことは「考えずにルーティン化」してみる。

すぐにうまくいくルーティンを作るのは難しいかもしれませんが、まずは自分がどれだけディシジョン・メイキングをしているか認識してみるだけでも気持ちがラクになるかもしれません。私は朝、子どもを保育園に送り届けた後、車の中でぐったりして、放心状態になることがよくありました。朝からなんでこんなに疲れているんだろう。これから仕事に行くのに、こんな状況ではダメだ、どうしようと自分を責めてしまうこともありました。でもディシジョン・ファティーグについて学び、「そうか、朝からこんなにたくさんのことを考えて選択・決断したんだから疲れているんだ」と自分の状況を受け止めることができました。それだけでもかなりラクになりました。

完璧主義者からの脱却

私は何事につけ完璧主義者で、どれもこれも一切の手抜きができないタイプでした。

前述のベビー用品ですが、やはり赤ちゃんに買ってあげるものなので、一番安全性が高いのを買いたいし、値段も性能も考慮した上で「完璧」なものを選んであげたいと思ってしまいます。オンラインで何百件も出てくる選択肢、一つひとつのレビューをチェックしたり、誰かがアップした商品の比較記事や動画を参考にしたり……。一つ買うのに、延々と時間を費やしてしまった経験がある人も多いのではないでしょうか。

保育園や幼稚園、学校もそうです。私は第一子が産まれたとき、イェール大学近辺の保育園を調べ始め、たくさんの種類があることを知りました。モンテッソーリ教育をしているところ、自然の中での教育を重視しているところ、早朝からやっているところ、ランチが提供されるところとされないところ、月謝が高いところ安いところ、などなど。ベビー用品はどうせすぐ使わなくなってしまうけれど、幼児期の教育や環境はその後の人生に大きく影響すると思い、完璧なものを選ばないといけない、という思いがより強かったと思います。気になったすべての施設を訪問して先生や園長先生と話し、今通っているご家庭から話を聞き、リストを作って比較していきました。

仕事をしながら、こうして子どものために完璧なものを一つひとつ選んでいく。これは、簡単なことではありませんでした。

そして、そのときは完璧だと思った選択肢に欠点があったとわかると、とても落ち込みます。たとえば、軽量で運びやすいからと選んだベビーカーが、アメリカのでこぼこの歩道だとすぐ引っかかってしまってうまく進めないとわかったときとか……。自分のために買ったのではなく、子どものために買ったものだからこそ、「なんで間違った選択をしてしまったんだろう」と強く後悔してしまいます。

完璧主義は自分の内側から発生する場合と、周りの人や社会の影響で発生する場合があります。「母親はこうあるべき」という社会からの目は誰もが感じているでしょう。私も、今日は時間がないし、お弁当は冷凍食品でなんとかしちゃおうと思っても、「でもそんなお弁当を見たら先生たちはどう思うかな」と気にしてしまったり。拍車をかけるように、ＳＮＳを開けば、「完璧」な夕食の写真や「完璧」な家族旅行の写真で溢れています。

こうして、自分の内側からも、外側からも、完璧でいなくてはいけないという圧を感じ、必要以上のプレッシャーを自分にかけてしまうお母さんが多いです。私は子どもたちのために良い母親でいられているか？ 社会が期待する理想の母親になれているか？ 自分や社会の設定した高い理想を達成できなかったとき、自分を責めてしまいます。頑張りが足りないのではないか、もっと頑張らないと、と自分を追い詰めてしまう。

そして小さなことでもなにかを失敗すると、一気に自信ややる気を失ってしまうことがあります。完璧主義であるほど「バーンアウト（燃え尽き症候群）」になってしまう可能性が高いのです。

ではどうしたら良いのでしょう。

サントス教授は、まず「自分の無意識の批判の声」を聞くことが大切だと言います。自分の一番厳しい批判者は自分自身であることが多いからです。もし「今日晩ご飯をウーバーイーツしちゃったのは、自分の頑張りが足りないせいだ」と無意識に思ってしまっているとしたら、まずそれを認識すること。そして認識したら、自分から切り離すこと。厳しい批判は、自分自身ではなく、たとえば自分の中に住む小さいデビルが言っているとします。

そして、もし自分を心の底から気にかけてくれる人やカウンセラーがこの会話を聞いたら、その小さいデビルになんて言うかな、と考えます。きっと「今日は大変だったんだからいいんだよ。今日晩ご飯作らなかったからって、ひどい母親になるわけじゃないよ」と言うのではないでしょうか。

批判するのではなく、寄り添い思いやること。なかなか難しいことですが、批判の声を自分から切り離して第三者化すると、うまくいくかもしれません。

次に、もう少し肩の力を抜いた目標や理想を設定すること。本当に時間をかけて取り組むべきことと、少し力を抜いても良いことを見極める。子どもたちが大きくなった今だから言えることかもしれませんが、当時あれだけ時間をかけた抱っこ紐も、最初に良いなと思ったものと、何時間もかけて最終的に買ったもの、どっちでも子どもはちゃんと安全に過ごせたと思います。渦中にいるとなかなか判断が難しいですが。

これは仕事でも同じことです。以前は、気心の知れた同僚に送るメールも一言一句隅から隅までチェックして、文法やスペルのミスがないか確認し、内容が明確に伝わるように書けているか何度も読み返してから送っていました。でも今は、どうしても子どものお迎えまでに仕事を終わらせないといけません。それなら、データ解析など間違ってはいけないものにしっかり時間と労力を費やして、気心の知れた同僚へのメールは一〇〇％完璧でなくても良い。限りある時間の中で業務をやり切れるように緩急をつけてタスクをこなします。

働く母親として自分のメンタルも保ちつつ、さまざまなことを両立するためには、適度な力の抜き加減が大切です。子育ても仕事もバーンアウトしないように、自分に寄り添ってみることが第一歩かなと思います。

感情との付き合い方

私は妊娠中も出産後も、感情の振れ幅が大きくなったのを感じました。ホルモンバランスの変化もありますが、子どもに関することだからこそ、感情が増幅されていた面もあるでしょう。子どものちょっとした行動でとても幸せに感じたり、逆に誰かが子どもに冷たく接すると悲しくなって落ち込んでしまったり。母になってからは、子どものことに関して強く感情が揺さぶられるようになり、ときに振り回されてしんどくなり、仕事に集中できない日もありました。

そしてネガティブな感情に襲われると、自己嫌悪に陥りました。母親になるのが夢だったのに、念願の子どもを授かったのに、どうしてこんなにイライラしちゃうんだろう。SNSで友達家族の幸せそうな写真を見たりすると、どうして自分はこうなんだろう、と落ち込みましたし、「いつも幸せなママ」でいられないのは自分が悪いのではと思うこともありました。

サントス教授はこういった感情との付き合い方として、心理学者のタラ・ブラック先生が提唱し広めた「RAIN」という対処法を紹介していました。RAINは「Recognize（認識する）」、「Allow（受け入れる）」、「Investigate（探究する）」、「Nourish（育む）」の四段階からなります。

たとえば子どもが急に癇癪を起こして叫び出し、それによって自分がイライラしてしまったとします。RAINの第一段階目は、いまこの瞬間になにが起こっているか、自分がなにを感じているかを認識すること。まず「あ、今私イライラしているな」と気づくところから始めます。次に、その感情や経験を、否定せずにそのまま受け入れます。「イライラしちゃいけない」と押さえ込んだり変えようとしたりするのではなく、「理不尽なことで子どもが泣き叫んでいるのだから、イライラしちゃうのは普通なこと。大丈夫、すぐに押さえ込まなくてもいい」といったん受け入れるんですね。三段階目は探究。決して批判するのではなく、好奇心をもって、「なんで私は今こんな感情になっているんだろう？　この感情は私になにを伝えようとしているんだろう？」と問いかけてみます。「どうしてイライラするんだろう。周りの人に子どもの泣き声のせいで迷惑がかかってしまうから？　子どものことが心配だから？」と問いかけてみると、それまでは気づかなかった自分の考えや状況に気づくかもしれません。最後に、育むというステップ。自分に対して、優しさと思いやりを持って向き合います。たとえば深呼吸をして胸に手をあて、「大丈夫、子どもがこういうふうにときどき癇癪を起こしてしまうのは成長過程で自然なことだし、それに対してイライラしてしまうのも自然なこと。誰にでもあることで、この子や自分が悪いわけではない」と自分に語りかけてみます。このステップでは、自分の親友に接するように、自分に対して思いやりを持って語りかけることが大切。「大丈夫、あなたはこれまでの経験にもとづいてこの状況に冷静に対処できるよ」と自分を励ましてみましょう。

感情に関連して、もう一つ私が最近着目している心理用語に、「Hedonic adaptation（ヘドニック・アダプテーション）」があります。「Hedonic treadmill（ヘドニック・トレッドミル）」とも言われ、日本語では「快楽順応」と訳されています。

その意味するところは、人の幸福感は長続きしないというものです。たとえば、ずっとほしかった車が買えたら幸福感が満たされるけれど、それは一瞬で、幸福度はすぐにベースラインに戻ります。

私たちはつい、子どもを授かったら、年収が一〇〇〇万円を超えたら、宝くじが当たったらと、「〇〇したらその後ずっと幸福になる」と考えがちだけれど、実はそうではない。もし、実際にそういう事象が起きたとしても、その幸福感は長く続きません。

逆に言えば、どんなに大変なことがあっても、ネガティブな感情がずっと続くわけではないのです。

子宮外妊娠したとき、私はずいぶんネガティブになりました。

もし子宮の中に着床していたらその子は今生きていたかもしれない。自分が悪いんじゃないか、自分に欠陥があるんじゃないか、母親としての資格がないんじゃないかとずっと泣いていました。ほかの人が妊娠・出産したことを知るたびに、心から素直に喜べない自分がいて、自己嫌悪に陥りもしました。

妊娠・出産・子育ては一筋縄ではいかず、もう一生立ち直れないと思うほどつらい経験をした人もたくさんいると思います。

しかし感情は一生続くことはなく、いつか必ず、自然に元の状態に戻ってくれます。それはむしろ、「つらいときを乗り切る力をくれる感情のスーパーパワーであり、心理的な免疫システムだ」と言っている進化心理学者もいます。

ポジティブな気持ちが長続きしないのは残念だけど、だからこそネガティブな気持ちも一生続くわけではない。それを理解して、感情とうまくつきあっていこうと思っています。

適度なデジタルデトックスのすすめ

仕事と私生活の線引き

子どもがいる、いないに関わらず、仕事と私生活の線引きは難しいもの。インターネットやデバイスがどんどん進化し、「いつでもどこでも仕事ができる」状態になっていきました。私の仕事はいわゆる「Knowledge worker（ナレッジ・ワーカー／知識労働者）」といわれる職種ですが、脳みそとパソコンだけあれば仕事ができてしまうので、朝から晩まで終わりなく続けられます。オフィスを出ても、小さいスマホさえあればオンライン会議にも出られるし、書類を読んで修正することもできます。夜中までSlackに返事するのはもはや当たり前のようになっていました。

そこに、コロナパンデミックがやってきて、家で働く人が増え、さらに仕事と私生活の線引きがあいまいになりました。

自宅待機になっている子どもがテレビを見ている横でデータ解析をし、子どものご飯を作りながらオンライン会議に出ることも普通になっていました。どうしても泣き止まない子どもに、仕方なく授乳をしながらなんとかカメラの角度を調整して就職面接を受けたこともありました。

オフィスに行かなくても仕事ができるというのは、恵まれていることでもあります。保育士なら保育園に、外科医なら病院に行かないと仕事ができないけれど、私は授業で教える以外のことはたいてい家にいてもできます。子どもが熱を出しているから迎えにきてくださいと学校から連絡があったときも、家に一緒に帰ってきてから休んでいる子どもの横で仕事を続けられます。私が夫や親族と遠く離れて暮らしていても、なんとか仕事を続けていられるのはこのフレキシビリティがあるからでしょう。

しかし、仕事と私生活の線引きの難しさは、完璧主義と同様、バーンアウト（燃え尽き症候群）に繋がりやすいとサントス教授の授業でも何度も触れられていました。

実際コロナのパンデミック中、バーンアウトする「working parents（ワーキング・ペアレンツ／働く親）」が増え、アメリカでは「今の働き方じゃだめだよね」という議論が深まっていきました。自分の働き方を見直す人が増え、二〇二〇年からの三年間で、仕事を辞める人や転職する人が急増しました。

とくに、テクノロジーとの付き合い方というのは、とても重要なポイントだと私は思っています。テクノロジーのおかげでいつでもどこでもログインできるからこそ、自分で意識的にログオフする必要があります。

たとえば子どもをお迎えに行って帰宅したあと。スマホが鳴って、ロック画面に上司からのメールがきたと通知が出ていて、開いて読んでいたら子どもが「ママ、今日学校ですごく面白いことがあったんだよ！」と話しかけてきてくれているのに気づかなかった、なんて経験をしたことがある方は多いのではないでしょうか。ただでさえ短い家族の時間なのに、子どもと目を見て話すよりスマホを眺めている時間のほうが長かったなんて日、私はありました。

「メールを少しチェックするだけ」と思っていたとしても、それが重要な要件だったりすれば、それで頭がいっぱいになってしまうことはよくあります。ご飯を作ったり子どもをお風呂に入れたりするからすぐ対応できるわけではないのに、頭はそれでいっぱいになってしまって、家族の時間を楽しめなくなってしまう。

私たちがスマホを手にするとき、本来はメールを見るなどなんらかの目的があるはずですが、一方で、明確な目的もなく、なんとなく手を伸ばしていることはないですか？

そうして無意識にスマホを開いて、流れでニュースを見たりメールを見たりしているということも多々あります。どんどん中毒になっていくようにできているのがスマホのようなデバイス機器です。

テクノロジーによって仕事と私生活の境界がこれまでになく曖昧になっている時代だからこそ、大切な家族の時間を侵食されすぎないように、意識的にデバイスを使う、あるいは使わないスキルが重要です。

通知機能をオフにしよう

メールやSNSのメッセージなどが届いたときに知らせてくれる通知機能。これが曲者なのです。誰かからいいねがきたとか、コメントがついたとか、共同研究者から連絡がきたとか、そういうことで絶えず注意力を奪われる世界に、自ら身を置いてしまうからです。

メールやSNSのやり取りがいけないわけではありません。なにかに集中しているとき、なにか別のことに取り組んでいるときに、通知のせいで中断されることが良くないのです。

たとえば集中して難しい統計解析をしているときにメールの受信通知がくると、せっかくの集中力が中断されてしまいます。そのメールの内容が「この書類を来週の金曜日までに送ってください」というものだったとしたら、重要なタスクを中断してまで確認する必要があったのか。ましてやそれが「あなたの投稿にいいねがつきました」だったら？

子どもを学校や習い事に送って行く道中も、スマホがピコーンと鳴れば、気になってチェックしてしまいます。メールが届いていればそれを見て、「あーそうだった、あれやらなきゃいけなかったんだ」と頭の中に余計なことが入ってきます。

せっかく子どもと一緒にいるのに、話もせず、目も見ず、仕事のことばかり考えてしまいます。だからといって、その場で仕事に移ることはできないのだから、ただ精神衛生上の悪影響があるばかり。

そこで私は、電話の呼び出し音だけは鳴るようにして、それ以外の通知はスマホもスマートウォッチもパソコンもすべてオフにしています。アプリのアイコンの右上に出る赤いマーク（メールやコメントの未読件数など）も、メールやニュースがきたときにぴょこんと出てくるバナーも、ロック画面の通知も、すべて表示されないようにしています。

つまり、スマホを手に取ったとしても「見て見て、未読のメールがあるよ。このSNSアプリにコメント届いてるよ」と知らせてくる要素は一切ありません。私が一つひとつのアプリを開くときというのは、自分で能動的に見ようと決めたときだけです。

デバイスを使うタイミングを通知によって指示されるのではなく、「意図的にデバイスを使うタイミングを決める」のが重要だと思っています。

集中しないと達成できない難しい仕事が一段落ついてから。授業やミーティングが終わってから。子どもとご飯を一緒に食べ終わってから。本を読み終わってから。通知がきた瞬間にチェックしなくても、自分が計画的に決めたタイミングでチェックしても遅いことはほとんどないと思います。

もちろん通知にすぐ反応することが重要な仕事もあるでしょう。救命救急に関わる方、記者の方など、通知をオフにすることができない職業の方もたくさんいらっしゃると思います。私も、仕事の緊急要件がくることはあるので、もしすぐに返事が必要な場合は電話してくださいと周囲に伝えています。

大切なのは、いかに意図的に線引きするかです。すべてのアプリの通知をオフにしなくても、これはオンにして、こっちはオフにする、というように細かく設定することもできます。〇か一〇〇ではなく、まずは二〜三個のアプリから試してみて、適度に自分にあった方法を見つけられたら良いのではと思います。

「ナッジ」を逆利用する方法

私自身、SNS中毒を自覚していた時期があります。顔も名前も、どこに住んでいるかもわからない人たちからきた「いいね」をチェックしたり、会ったこともない人からのリプライに早く反応しようとしたり。子どもを持つ前の私は、夜でも早朝でもメールの通知がきたらすぐに読んで返信していました。「頑張っているな」と評価されることへの期待もあったし、そうやって頑張ること自体が楽しかったのです。

でも今は子どもと向き合う時間をしっかりとるために、意識的にデジタルデトックスを行っています。

デジタルデトックスで最もシンプルな方法は、不必要なアプリを削除することです。とくにSNSのアプリなんかは、スマホからは消して、あえてパソコンからしかチェックできないようにすることで、ついつい無意識に開いてしまう回数を減らすことができます。

ただ、無意識に使ってしまう頻度は減らしたいけど、スマホから完全に消してしまいたくはないアプリもありますよね。私の場合、それがFacebookやInstagramです。というのも、保育園が子どもの写真をアップするのも、地域のイベントについての通知が届けられるのも、もっぱらこれらのアプリなのです。離れている友達との大切なコミュニケーションツールでもあり、スマホで撮影した写真をシェアしたこともあるので、スマホから削除はしたくない。

ではどうしたら良いでしょうか。

サントス教授の授業では、行動科学の世界で用いられる「ナッジ」を逆利用することを勧めていました。ナッジとは、「軽くつつく」「そっと押す」という意味で、人に好ましい行動を起こしてもらうための小さなきっかけのことです。

たとえば、コンビニのレジの前に足跡のシールが貼ってあると、人はそこに並ぶようになります。あるいは、毎朝ジョギングしようと考えたら枕元にウェアを揃えておくというのもナッジの手法です。

その逆、つまり行動を起こしにくいようにすることもできます。たとえば健康に悪いジャンクフードをお店の目につきにくい場所に配置すると、買う人が減ります。ファストフード店のカップを小さくすると、甘いソーダの消費量が減ります。

本当にほしいものだったら目につきにくいところにあっても頑張って探すだろうけれど、「なんとなく買っちゃう」ことを防ぐことはできます。甘いソーダもたくさん飲みたければおかわりできるけれど、なんとなく多い量を飲み切ってしまうことは減らせる。いかに私たちが無意識に目につきやすいもの、手軽に手に入るものを消費してしまっているかがわかります。

同様に、私は「Facebookなどを開きにくい」環境設定をしたのです。フォルダーを作って、そこにFacebookやInstagramなど、削除はしたくないけどなんとなく開いてしまう頻度を減らしたいアプリを詰め込み、一番最後のホーム画面に移動させました。単純な対策ですが、まずこれらのアプリのアイコンがすごく小さくなって見にくくなったことが、ナッジの逆利用になっています。目につきやすいものは興味を引きやすいので、あえて目につきにくくしたんですね。さらに、フォルダーに入れて何度かスワイプしないと辿り着かないホーム画面に移すことによって、これらのアプリを開くために必要なステップが何個か増えました。ただ手順が少し増えただけで、保育園の写真やイベントの通知など、見なければならないものがあるとき以外、無意識にこれらのアプリを開いてしまう頻度はがくんと減りました。

行動科学に裏付けされたヒントはやはりすごいなと実感しました。

リアルな繋がりが幸福感を生む

仕事と育児を両立するため、私たちはついつい「ながら作業」をしてしまいがちです。とくにパンデミックで完全にリモートワークだったときは、オンライン会議を聞きながら子どもにご飯を食べさせたりしていました。仕事と子育てや家族の時間の線引きが曖昧ゆえに、いつでもスマホが手の届く範囲に置かれている人は多いのではないでしょうか。

しかし、誰かと同じ空間で同じ経験を楽しんでいるとき、そこにスマホが存在しているだけで悪影響があることがわかっています。

たとえば、美味《おい》しいチョコレートを友だちと同じテーブルについて一緒に食べたときは、その喜びが増幅されてすごく美味しいと感じるし、不味《まず》いチョコレートを食べたときに、「え、これ、なんだか不味くない？」と言い合う相手がいればショックが軽減されることが実験で明らかになっています。誰かと一緒に楽しい経験をすると、その経験はより楽しく感じられて、逆に誰かと一緒につらい経験をすると、そのつらさは軽減されるんですね。

一方、同じテーブルに座っている人が、目も合わせないで会話もなく同じチョコレートを食べた場合は、そういった効果は得られなかったそうです。そして、スマホがテーブルに置いてあるだけで、通知がきていなくてもスマホのことが無意識に気になって、せっかく家族や友達と共有している時間を一〇〇％味わえなくなります。

第1章でも述べましたが、数々の心理学の研究から、私たちが幸福感を得る上で、人との繋がりは非常に重要であることがわかっています。人間は社会的な生き物で、ポジティブな局面もネガティブな局面も、誰かと共有することが人生において大切な意味を持つのです。

人との対面での経験の共有は、ＳＮＳでは置き換えられないこともわかっています。「今日チョコレート食べたけど美味しくなかった」とＳＮＳに投稿しても、そのネガティブな経験が軽減されるわけではないんですね。

要するに、お互いスマホはかばんの中にしまった状態で、家族で一緒にご飯を食べたり、友達と一緒にスポーツ観戦したり……と、誰かと同じ空間で同じ経験をするということが、とても大切だということです。

「でもスマホをしまっておいたら写真が撮れない！」と思う方も多いのではないかと思います。子どもの写真、美味しいご飯の写真、オシャレなカフェの写真……、撮りたくなりますよね。とくに子どもの写真は、貴重な成長の一ページを記録に残しておきたい、可愛い姿をおさめておきたい、という気持ちはすごくわかります。

写真を撮ることは悪いことではありません。写真を撮ることによって、そのときの記憶がより一層残りやすくなるという研究結果もあるそうです。

しかし、「写真をたくさん撮ってその中の一番映えている写真をSNSに載せる」ということが目的になってしまった場合、写真を撮るという行為はネガティブに働くことが報告されています。完璧な写真を撮ることに躍起になってしまい、そのとき一緒にいる人と共有している経験を、一〇〇％堪能できなくなってしまうんですね。

思い返してみて、最後に誰かと夢中になってなにかのイベントや遊び、スポーツなどを楽しんだのはいつですか？

意識的にデジタルデトックスをする前は、私はこの質問に答えられませんでした。子どもと本を読んでいても手の届く範囲にスマホがあって、Slackの通知がきたらすぐ返信して、という日々を過ごしていました。なににも邪魔されず、子どもと夢中になって全身全霊で遊んだことはほとんどなかったように思います。

心理学者のミハイ・チクセントミハイ教授は、幸福のために重要な3つの要素として、「フロー、社会的な繋がり、人生の目的」の大切さを説きました。「フロー」とは、スポーツや遊び、仕事などの活動に、時間を忘れるほど完全に没頭している状態のことです。気が散ることなく一〇〇%集中して仕事や遊びを楽しむ、しかもそれをほかの大切な人と、大切な目的のためにできる人はとても幸福なんですね。

もちろんなにかあったときのためにスマホはいつも持ち運びますが、それを学んでからは、なるべく意識して目に見えないところにしまい、子どもとの時間、友達との時間を楽しむようにしています。

みなさんも次に子どもと遊びに行くときは、一緒に過ごせる時間を大切に一〇〇%楽しむために、写真を撮るのはほどほどにして、スマホはサイレントにして目の届かないところに置いてみてはどうでしょうか。

より良い社会に向かって、歩みを止めない

気持ちを少しでもラクに

妊娠中も出産後も、母親の体の生理的な仕組み、体調、メンタルはめまぐるしく変わりますよね。子どもも日々成長して、ものすごいスピードで変化する子どものニーズに対応しなくてはいけません。「よし、今日こそはあの仕事に取りかかるぞ！」と思っても、予定通りにいかないことがほとんど。計画を立てることすらばかばかしくなることもあります。昨日までうまくいっていた完璧だと思っていたルーティンが、子どもや自分の変化ですぐうまくいかなくなってしまって、またいろいろ試しながら新しいルーティンを探さなくてはいけなかったり。

理想を高く持てば持つほど、思っていた通りにいかない日々をつらく感じて、自分のせいじゃないかと責めてしまう。もうどうしようもない、といろんなことへのやる

気を失ってしまう日だってあるでしょう。

家事や子どもの体調不良への対応というのは、他人からある程度「見える」ものですが、母親たちは日々見えない負担も多く抱えています。子どものことで考えないといけないことがたくさんあり、決めなくちゃいけないことも増える。その中でさらに仕事もこなしていくというのは、とてつもなく大変なことだと思います。

産後は体もメンタルも大きく変化するときなのに、自分のケアなんてしてる暇は一切ない。肌は荒れるし、あちこち痛いし、感情のアップダウンも激しい。

おまけに社会は「きれいなママじゃないといけない」「子どもといる間は子どもに全力で向き合っていないと良いママじゃない」とか、「完璧なママ像」で溢れている。

自分の決して満点とは言えない日常と比較して落ち込んでしまう。

こんなの八方塞がり。本当はベッドに突っ伏してなにも考えずそのまま数時間ぼーっとしたいけど、子どもは「ママ、ママ」と呼んでいるし、仕事にも行かないといけない。

そんな大変な状況の中、この章でシェアしたようなことは個人の過ごし方・考え方を少し変えるくらいで、さまざまな問題の根本解決にはならないかもしれません。そもそも、これまでも母親たちは妊娠・出産前後でさまざまなことを考え、柔軟に適応して、なんとかやりくりしてきたわけです。周りは全然変わらないのに、母親たちだけが毎日を生き延びるためにいろいろ変えてみたって、限界がある。やはり第1章で述べたように、社会の価値観やシステムも同時に変わらないと、これだけのことをやりくりしながらメンタルも保つなんて、難しくて当然です。

でももし、この章でシェアしたちょっとした工夫が、みなさんの気持ちを少しでもラクにしたり、働く母親としての日々の生活を一層楽しむことに少しでも繋がるとしたら、とても嬉しく思います。

働く母親をめぐる環境は容易なものではないし、ふと自分を見るとボロボロで笑っちゃうこともあるけれど、やはり私は働くお母さんたち、夢を追うお母さんたち、とても素敵だなと思います。こういう境遇だからこそ気づけることがあるし、こういう生き方をしているからこそ子どもたちに見せられる姿というものもあるでしょう。働く母親だからこそできる社会貢献もたくさんあります。

一人ひとりの女性が、社会の目や他人の価値観に縛られず、自分のやりたいことを純粋に追求できる社会。そこに向かって、私も何世代も引き継がれてきたバトンを受け継いで、みなさんと一緒に歩いていけたらと思います。

あの日問われた「お母さんか、研究者か」の選択。

今、私が母親業と仕事をなんとか両立できているのは「そういうもんだよ、今はそれでも大丈夫」と言ってくれた先輩たちのおかげです。

この本で、少しでもみなさんの心がラクになりますように。

仕事をしながら父になる

――あとがきにかえて――

高橋弘樹

なぜ本書が必要とされるのか

はじめて『ReHacQ』に塩田さんが出演してくれたとき、その話を聞いて、切ない気持ちになりました。

感染症疫学の専門家としてキャリアを積み上げてきた塩田さんが、コロナのパンデミックという、まさに、その能力の持てる限りをつぎ込み開花させる局面に立たされたにもかかわらず、子育ての真っ最中だったために第一線からは退《ひ》かざるを得なかったというのです。

その無念さは察して余りあるもので、社会としてなにか解決できる方法があったらいいのになあと思いました。もし、制度に課題があるのなら、それを明るみに出して改善する道を探ってみたいとも思いました。

そこで、同じくアメリカで活躍し子どもを育てている内田さんと、「仕事をしながら母になる」とはどういうことなのかについて意見交換してもらったら、とても意義深いものになるのではないかと、本書の出版の話が進みました。

仕事場に子どもを連れて行くワケ

私も仕事をしながら現在七歳になる息子を育てていく中で、「もっとこうだったらいいのにな」と感じることが多々あります。

息子はまだ小学校一年生ですから、午後二時過ぎには学校を出る時間になってしまいます。自分の担当の日は、仕事場に子どもを連れて来ることもあります。職場には、職員の子どもが滞在できる和室があります。

一緒に宿題をしつつ、収録になったら勝手にYouTubeを見てもらったりしていいます。大人たちに交ざって、いろいろな機材に囲まれ、実際の仕事の様子を見ながら過ごすことは、いい刺激になっているはずと勝手に思いながら。

以前、町中華の店で、営業中にその店の子どもが隅の席で、宿題をしたりご飯を食べたりしているのを見たことがありました。とてもいいなと思いました。それに近い感覚です。

四時になったら、子どもと一緒に職場近くの新宿御苑を三十分ほど散歩して、ご飯を食べて銭湯に行き、八時頃には家に帰って子どもを寝かせます。

その後、家で仕事を続けることも、職場に戻ることもあり、寝るのはだいたい深夜三時過ぎ。翌朝は夫婦揃って七時十五分に起床し、一方が朝ご飯を作り、もう一方が子どもの身支度を手伝うという生活です。平日の睡眠時間は三〜四時間しか取れませんが、仕事も子育ても思いっきりしようと思ったら、そうするしかないのが現状です。

それでも私たちは、睡眠時間を削ればなんとかなります。しかし、こうして男性も女性も過労が常態化してしまって、このままでいいのでしょうか。さらに子どもを産む女性たちは、肉体的にも、また、無意識の偏見の影響においても、私たちとは次元の違う困難を乗り越えているのだと、二人から改めて教えてもらった次第です。

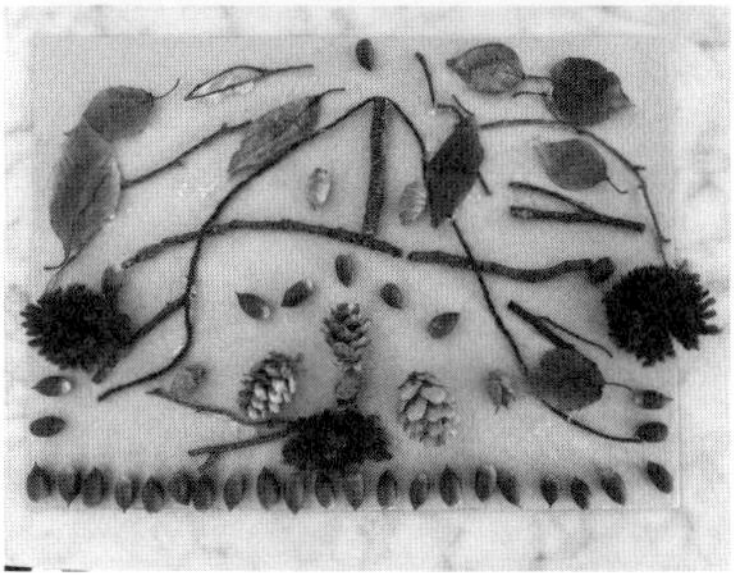

子どもと遊ぶのが楽しみ。海や自然が多い場所によく出かけます。一番下は、子どもの作品「秋の絵」。散歩で拾ったものを使って作りました。

社会がどう変われるか

私の場合、子どもが幼稚園から小学校に入学したタイミングで、もろに壁にぶち当たりました。「小1の壁」はきつかった。

幼稚園では、わりと長い時間、子どもを預かってもらえます。朝も早くてOKです。しかし、小学校はそうではありません。私の住む地域の小学校では、教職員の不足から、朝は八時一五分から二〇分までの、たったの五分の間に学校に入らなければいけません。早く着いたら、下駄箱前で待機。仕事の都合で親が二人とも早く出勤したいときもありますが、なかなか難しいのが現状です。

一定のコストはかかると思いつつ、朝の時間帯だけでも元教職員や地域の方を再雇用し、もっと早い時間から子どもを校庭で遊ばせてくれたら、仕事をしている親たちは助かるだろうなと思います。

あるいは、有料でいいので、帰りはスクールバスが親の職場まで順番に送ってくれたら。安全で安い子どもタクシーがあれば……子どもを持ったことで、子育てをしやすい地域とはなにか、地方行政のあり方に大きな関心を持つようになりました。

中でも、地味に大変だろうなと思うのが、銭湯の「混浴年齢引き下げ問題」です。息子が母親、娘が父親といったように、異性の親と入ることが禁止される年齢が、一〇歳以上から七歳以上に引き下げられたのです。法の趣旨もわからなくはないのですが、息子がいるシングルマザー、娘がいるシングルファザーは、銭湯やスーパー銭湯に行くのが大変そうになったなあと思いました。

このように子育てをしていると大変なことがありますが、ちょっとした社会的工夫、社会的協調で、なんとかなること、改善できるものがたくさんあるのではないでしょうか。

仕事をしながら親になり、可愛い子どもたちと幸せに暮らしていきたいと願う、すべての人たちのために、二人が繰り返し述べていた「社会のフレキシビリティ」が、本当に必要なのだと感じています。

と同時に、一人の当事者として自らを振り返りつつ、世の中への発信を続けていくことを、私自身に課された宿題としたいと思います。

（二〇二五年二月、ReHacQプロデューサー）

仕事《しごと》をしながら母《はは》になる

「ひとりじゃないよ」心《こころ》がラクになる思考《しこう》のヒント

2025年2月4日　初版発行

著者／内田 舞《うちだ まい》・塩田 佳代子《しおだ かよこ》
編著／ReHacQ《リハック》
発行者／山下 直久
発行／株式会社 KADOKAWA
〒102-8177　東京都千代田区富士見 2-13-3
電話 0570-002-301（ナビダイヤル）

印刷所／TOPPAN クロレ株式会社
製本所／TOPPAN クロレ株式会社

ISBN978-4-04-607117-0　C0095